Sommaire

http://www.revue-cites.net
Retrouvez *Cités* en ligne, en texte intégral, sur www.cairn.info
Cette consultation est gratuite pour les particuliers abonnés à *Cités*

REVUE PUBLIÉE AVEC LE CONCOURS DU CENTRE NATIONAL DU LIVRE

Éditorial

Le prolétariat après Marx

Yves Charles Zarka

L'écriture de l'histoire du prolétariat tourne souvent à la légende. Légende sordide de la classe dangereuse qui ne possède rien, n'a donc rien à perdre à la destruction de l'appareil de production, de la propriété et de l'ordre social, toujours prête à trahir en se vendant au plus offrant. Légende héroïque de la seule classe révolutionnaire qui doit faire accomplir à l'humanité tout entière le pas décisif vers la réconciliation avec elle-même et la liberté, après la fin de l'exploitation économique et de la domination politique. Ces deux légendes extrêmes, entre lesquelles beaucoup d'autres ont été écrites, ne sont d'ailleurs pas nécessairement incompatibles. De la même façon qu'il y a chez Rousseau deux discours sur le peuple : le peuple idéal du contrat social, droit et vertueux, dont la volonté est toujours ce qu'elle doit être, et le peuple réel sordide, dangereux, lâche et vicieux, de même, il y a chez Marx deux prolétariats. Le prolétariat est en effet, d'une part, la seule classe porteuse de l'avenir, « mouvement autonome de l'immense majorité dans l'intérêt de l'immense majorité »[1] ou encore « couche la plus basse de la société actuelle » qui doit faire sauter « tout l'édifice des couches supérieures qui constituent la société officielle »[2] armature de la domination bourgeoise. Mais il

1. Karl Marx, « Manifeste communiste », *Œuvres,* I, « Économie, 1 », édition établie et annotée par Maximilien Rubel, Paris, Gallimard, « La Pléiade », p. 172.
2. *Ibid.*

est également cette « pègre prolétarienne, ces basses couches de la société qui se putréfient sur place »[1].

De Marx, c'est cependant la légende héroïque que l'histoire a retenue. Elle a conféré au prolétariat une existence imaginaire dans de multiples luttes sociales et politiques du XXe siècle, aux quatre coins de la Terre, bien après que la condition prolétarienne de la classe ouvrière, telle que Marx l'avait conçue, se fut éteinte : « Loin de s'élever avec le progrès de l'industrie, l'ouvrier moderne descend toujours plus bas, au-dessous même des conditions de sa propre classe. L'ouvrier devient *pauper*, et le paupérisme se développe plus vite encore que la population et la richesse. »[2] La condition prolétarienne de la classe ouvrière reposait sur l'équivalence entre trois termes : classe ouvrière, salariat et prolétariat. C'est le statut du salariat et son opposition au capital qui faisait de l'ouvrier un prolétaire. L'existence et la domination bourgeoises reposent sur la formation et l'accroissement du capital, or « la condition du capital, c'est le salariat »[3]. Qu'est-ce que le salariat ? C'est, pour Marx, la condition dans laquelle le travailleur est obligé de vendre sa force de travail comme une marchandise et, par conséquent, se trouve, comme toute autre marchandise, livré aux « vicissitudes de la concurrence et aux fluctuations du marché »[4]. Le prix du travail est égal au coût de production : « Par conséquent, le coût du travailleur, c'est à peu près le coût des vivres dont il a besoin pour son entretien et pour perpétuer sa race. »[5] Le salaire, correspondant à des tâches accomplies au jour le jour, est donc ce qui doit permettre à l'ouvrier de reproduire sa vie en vue de reproduire ces tâches, dans un système où il n'est conçu que comme un producteur. La logique de ce système implique donc une minimisation des coûts de production en vue d'une maximisation du profit, c'est la logique qui préside à l'économie capitaliste et à la domination bourgeoise selon Marx. C'est pourquoi la condition de l'ouvrier est fragile, vulnérable et précaire parce que sans droits, sans sécurité et sans protection. Son travail se retourne contre lui-même, il

1. *Ibid.*
2. *Ibid.*, p. 173.
3. *Ibid.*
4. *Ibid.*, p 168.
5. *Ibid.* Ou encore : « Le prix moyen du travail salarié, c'est le minimum du salaire, c'est-à-dire la somme des moyens de subsistance nécessaires pour faire vivre l'ouvrier en tant qu'ouvrier. Donc, ce que le salarié s'approprie par son labeur est tout juste suffisant pour reproduire sa vie, et rien de plus » (*ibid.*, p. 176).

perd toute indépendance et tout attrait : « Le producteur devient un simple accessoire de la machine à qui on ne demande que le geste manuel le plus simple, le plus monotone, le plus vite appris. »[1] Telle est la condition prolétarienne de la classe ouvrière : le travail produit la pauvreté, l'insécurité et la misère du travailleur.

La classe ouvrière sort de la condition prolétarienne où Marx l'avait figée lorsque le capitalisme en vient vers le début du XXe siècle à concevoir, en vertu de sa logique même, le travailleur pas seulement comme un producteur, mais aussi comme un consommateur[2]. « On appelle "fordisme" l'articulation, qu'Henry Ford fut sans doute le premier à mettre consciemment en pratique, de la production et de la consommation de masse (...). Il perçoit ainsi une relation nouvelle entre l'accroissement du salaire, l'accroissement de la production et l'accroissement de la consommation. Ce n'est pas seulement qu'un salaire élevé augmenterait la motivation au travail et le rendement. S'ébauche une politique des salaires liée aux progrès de la productivité à travers laquelle l'ouvrier accède à un nouveau registre de l'existence sociale : celui de la consommation, et non plus exclusivement de la production. »[3] La condition ouvrière voit dès lors s'ouvrir à elle un autre horizon que celui que Marx lui avait tracé. De classe révolutionnaire dont la libération dépend de la destruction de la société bourgeoise, elle devient réformiste et revendicative. On abandonne le projet d'une transformation radicale pour la recherche d'une amélioration des conditions de vie, une extension des droits et des protections. C'est l'analyse tocquevillienne de la société démocratique et non l'analyse marxiste de la société bourgeoise qui s'impose : la société est tout entière, la classe ouvrière comprise, mue par une recherche du bien-être matériel (limitation de la durée hebdomadaire du travail, congés payés, sécurité sociale, indemnités chômage, mais aussi acquisitions des appareils et des biens de consommation, etc.). Certes, les inégalités se maintiennent, l'exploitation parfois aussi, mais le travail n'est plus en lui-même et par lui-même source de misère, d'insécurité et de mort. Au contraire, il s'impose de plus en plus comme l'activité qui permet par excellence l'intégration sociale. Le travailleur n'est pas porté vers la pauvreté, la précarité et la

1. *Ibid.,* p. 168.
2. Sur ce point important, cf. en particulier Robert Castel, *Les métamorphoses de la question sociale,* Paris, Fayard, 1995.
3. *Ibid.,* p. 336.

misère par son travail même. La logique a changé – et, avec elle – le statut du salariat qui s'étend désormais à l'ensemble de la société.

La société de consommation est une société postmarxiste. Ce qui a pu faire oublier cette évidence, c'est la Révolution soviétique – révolution sociale et politique, bien sûr, mais qui a pour condition une révolution idéologique dans un pays où ne régnaient ni une industrialisation de grande ampleur, ni un capitalisme avancé. C'est bien la raison pour laquelle, lorsque le totalitarisme idéologique s'est évanoui à la fin du XXe siècle, la société de consommation s'est emparée progressivement des terres ainsi désertées.

Est-ce à dire pour autant que le prolétariat a définitivement disparu ? Non, il a simplement changé. D'abord, même encadré et assorti de nouveaux droits, le travail a parfois gardé dans certaines branches d'activité ou de service la forme d'une exploitation à outrance de populations fragiles et vulnérables, maintenues dans une vie de misère : individus sans formation et sans attaches, populations immigrées pendant les Trente Glorieuses, sans-papiers aujourd'hui. Mais c'est la perte du travail, le chômage, qui a été longtemps, et reste encore, le facteur principal de désocialisation et de disqualification. Cependant, les choses se sont beaucoup modifiées avec les nouvelles conditions de l'économie mondialisée, et cela en deux sens. Premièrement, la condition prolétarienne a suivi la division du monde en pays riches et pays pauvres. Elle s'est considérablement étendue dans les pays dits, par euphémisme, en voie de développement. Deuxièmement, dans les pays riches et industrialisés est apparue une tendance à la remise en cause des droits, des protections et des niveaux de salaire pour des raisons de compétitivité. Dans ces pays, est ainsi en train de naître un nouveau prolétariat fait d'individus, parfois surdiplômés, qui soit n'arrivent pas à entrer dans le marché de l'emploi autrement que sous la forme de petits boulots précaires, soit en sortent prématurément, disqualifiés par une idéologie managériale jeuniste, soit se trouvent employés en temps limité et insuffisant pour mener une vie décente.

Le prolétariat s'est mondialisé et il s'est clivé.

DOSSIER

Le nouveau prolétariat

Présentation

Didier Deleule, Raphaël Draï

Le prolétariat a-t-il disparu ? L'on est tenté de le penser si l'on conserve l'image qu'en donne, notamment, la théorie de Marx, reformulée par Lénine – à savoir une classe férocement exploitée mais qui lutte pour son émancipation et celle du genre humain, éclairée par une avant-garde et un parti révolutionnaires. D'ailleurs le concept même de révolution a-t-il conservé son sens depuis la chute du mur de Berlin et la fin de l'URSS ? Mais les migrations ou même les disparitions de concepts, dans le discours savant ou dans le langage courant, signifient-elles qu'ont disparu les réalités que ces concepts permettaient, peu ou prou, d'identifier ou dont ils permettaient à tout le moins de débattre ? Si le prolétariat n'est plus le thème principal des colloques d'économie politique, ou de sociologie politique, sa réalité n'en est pas moins patente. Bien sûr, depuis vingt ans, et ce que d'aucuns nomment avec Baudrillard la fin des classes, aussi bien les modes de constitution que les configurations du prolétariat ont profondément changé. Il se reconnaît moins à ses structures qu'à ses déstructurations, lesquelles sont souvent synchrones avec ces « délocalisations » territoriales et mentales qui sont la hantise des gouvernants mais aussi des responsables syndicaux. L'extension de la précarité, la réduction du chômage payée par la multiplication des petits boulots, lesquels ne sauraient étayer de véritables projets de vie, la réduction du sens même de la vie non pas à la qualité du travail mais au seul fait de travailler, conduisent non pas à « enterrer » le prolétariat mais à en discerner les avatars. Si la condition prolétarienne se reconnaît aux dépendances de toutes sortes qu'elle instaure, alors cette condition n'a jamais été aussi proliférante que depuis « la mort de Marx ». À la précarité angoissante qui ronge les « classes » moyennes et les « cadres » d'une société de plus en plus pénurique, d'une société de perte, s'ajoutent de nouvelles formes de pauvreté, voyantes ou plus cachées, qui coexistent parfois avec une activité salariée au-dessous du SMIC, ou avec des formes d'emplois « rompus » qui disloquent la journée du travailleur en l'astreignant de surcroît à des déplacements qui doublent son temps de travail sans doubler son salaire. Mais le prolétariat aujourd'hui n'est pas seulement économique. Il est aussi moral, pour reprendre un qualificatif de Moreno, l'inventeur du psychodrame. Il se reconnaît cette fois aux mentalités et aux comportements engendrés par l'économie pénurique et l'État impotent, à savoir : la culture de la compétition qui n'est qu'une forme de darwinisme à la sauce managériale, l'enclavement dans une « bulle » médiatico-financière où l'entre-soi fait perdre pathologiquement le sens de l'Autre, si fortement exalté dans les discours d'une pseudo-philosophie bien-pensante, mais si constamment nié dans les actes de la vie quotidienne. Il se reconnaît aussi à l'appauvrissement corrélatif de l'idée de République, puisque sous ce régime de façade survivent des êtres qui correspondent étroitement à ce que le doyen Carbonnier nommait des « sujets de non-droits », si ce n'est des non-sujets de droit. À quoi s'ajoute le phénomène dont on mesure mal encore l'effet délétère sur la République sélective qui s'établit sous nos yeux : la peoplelisation. Celle-ci ne se dissocie pas, d'ailleurs, d'une crise de la presse qui, pour subsister, doit se vendre à tout prix et qui, à cette fin, quête les images-chocs. Elle s'explique aussi par la dégradation de la notion de peuple, par la négation, imaginaire précisément, de la différence des classes et de revenus – celle-ci abyssale parfois – qui y sévit. La comédie de la proximité, l'usage des prénoms et du tutoiement dans l'espace public ne signifient pas du tout que celui-ci soit ouvert à tous mais à l'inverse qu'il fait l'objet d'une privatisation par la « caste », aurait dit Sieyès, de ceux qui jouent cette comédie-là. On comprend mieux ainsi comment le nouveau prolétariat et la peoplelisation se répondent et se correspondent : la difficulté de plus en plus évidente pour accéder à l'espace public est masquée par un pseudo-accès à l'espace privé des Grands, pour ne pas dire à leur intimité, un peu comme, dans certains pays « touristiques », les habitants du lieu sont autorisés à regarder de l'extérieur la salle à manger des hôtels de luxe.

C'est pourquoi il nous a semblé nécessaire d'engager le débat à ce propos par la série d'études et d'analyses qui suivent. S'il est vrai que le prolétariat, après avoir connu comme seule richesse la descendance familiale (c'était le cas à Rome), s'est développé à l'époque moderne sur la base de la force de travail comme seul moyen de survie, la situation de dépendance qui, dans tous les cas, le caractérise connaît de nos jours une extension sans précédent accompagnée d'une mutation dans l'appréhension du phénomène par ceux-là mêmes qui le subissent : à la conscience de classe hautement proclamée à défaut d'être toujours strictement définie, a ainsi succédé une nouvelle mouture de « fausse conscience » qui se manifeste volontiers par une intériorisation non dépourvue de culpabilité d'une situation de fait psychologiquement ressentie comme angoissante et humiliante, face à laquelle il importe en priorité de tenter de « sauver sa peau ». L' « insécurité sociale » – pour reprendre l'heureuse expression de Robert Castel – tend à sécréter une atomisation des réactions plutôt qu'une solidarité active de la riposte.

Parallèlement, les nouvelles procédures d'exploitation et d'aliénation tendent, pour leur part, à réactiver une emprise du domestique sur le politique à laquelle les modernes formes entrepreneuriales – qui se veulent *soft* plutôt que *hard*, horizontales plutôt que verticales – contribuent efficacement dans le cadre d'un paternalisme renouvelé, d'un familialisme appuyé sur les « relations humaines », voire d'un despotisme (mais c'est encore une histoire de famille) habilement dissimulé. Que cette prolétarisation galopante puisse désormais se diffuser dans les domaines culturel et intellectuel, et même dans le cadre de ce qu'on appelle parfois le « vivre ensemble », cela pourrait conférer quelque portée au célèbre verdict de Raoul Vaneigen : « Le prolétariat a perdu son nom depuis que la plupart des citoyens en font partie. »

La condition ouvrière : de l'intégration laborieuse à l'intégration disqualifiante

Serge Paugam

Pour Maurice Halbwachs, la classe ouvrière constituait « cette partie de la société qui est écartée relativement du foyer de la vie sociale, qui est privée des biens, des avantages, non seulement matériels mais surtout moraux auxquels participent ceux qui peuvent s'en approcher le plus »[1]. Le fait même que l'ouvrier soit tout au long de sa journée de travail en contact avec des choses, avec une matière inerte, le prive, contrairement aux autres catégories sociales, de contacts humains et renforce chez lui les traits psychologiques d'un caractère rude, d'une personnalité anguleuse. Il est voué à une forme d'isolement, laquelle n'est réellement rompue que lorsqu'il sort de l'usine ou du chantier. Cette description, complétée par une analyse fine de la condition salariale et du mode de vie, conduisit le sociologue français, disciple de Durkheim, à approfondir le concept d'intégration sociale en fonction des classes sociales, la classe ouvrière constituant de ce point de vue le cercle concentrique le plus éloignée du foyer ou de la zone centrale de la société où sont créés les valeurs, les représentations et les sentiments sociaux. Halbwachs développe ainsi une théorie de l'intégration sociale stratifiée[2], la classe ouvrière représentant la dernière strate

1. Maurice Halbwachs, *Les classes sociales,* Paris, PUF, « Le Lien social », 2008, p. 97. Ce livre correspond à l'édition critique du cours donné par Halbwachs à Strasbourg et à la Sorbonne entre 1930 et 1942.

2. Serge Paugam, « L'intégration sociale stratifiée. L'apport de Maurice Halbwachs à la sociologie des genres de vie », in Marie Jaisson et Christian Baudelot (sous la dir. de), *Maurice Halbwachs, sociologue retrouvé,* Paris, Éd. Rue d'Ulm - Presses de l'ENS, 2007, p. 53-84.

de l'intégration sociale. Cette théorie élaborée avant guerre mérite d'être revisitée. La condition ouvrière a en effet connu de nombreux changements dans la période des Trente Glorieuses et une profonde transformation dans la période plus récente. On se propose tout d'abord d'élaborer un cadre analytique de l'intégration professionnelle susceptible de nous aider à mieux appréhender les formes de l'intégration ouvrière et leur évolution.

LE CŒUR DE L'INTÉGRATION PROFESSIONNELLE

Dans les sociétés modernes, l'intégration professionnelle assure aux individus la reconnaissance de leur travail, au sens de leur contribution à l'œuvre productive, mais aussi, en même temps, la reconnaissance des droits sociaux qui en dérivent. Autrement dit, l'intégration professionnelle ne signifie pas uniquement l'épanouissement au travail, mais aussi le rattachement, au-delà du monde du travail, au socle de protection élémentaire constitué à partir des luttes sociales dans le cadre du régime d'État-providence.

En ce sens, l'expression « avoir un travail » signifie, pour les salariés, non seulement à la fois la possibilité de l'épanouissement dans une activité productive, mais en même temps la possession de garanties face à l'avenir. On peut donc définir le type idéal de l'intégration professionnelle comme la double assurance de la reconnaissance matérielle et symbolique du travail et de la protection sociale qui découle de l'emploi. On peut estimer que la première condition est remplie lorsque les salariés disent qu'ils éprouvent des satisfactions au travail.

Les sociologues du travail des années 1960 ne se souciaient pas autant que les sociologues d'aujourd'hui du rapport à l'emploi. Stable pour une grande majorité de salariés, l'emploi ne semblait pas en lui-même un facteur d'inégalité. Le travail, au contraire, en était un. C'est la raison pour laquelle la notion d'aliénation était en vogue au cours de cette période, en pleine phase d'expansion du fordisme, et que celle d'exclusion, en référence à l'emploi et aux droits sociaux, l'est autant aujourd'hui. Ces notions sont, l'une et l'autre, l'expression du regard social sur l'évolution des inégalités et méritent en cela d'être prises en compte par l'analyse sociologique, même si cela implique leur dépassement et l'élaboration de concepts plus précis.

Ce type idéal qui conjugue satisfaction dans le travail et stabilité de l'emploi peut être qualifié d'*intégration assurée.* Dans ce cas, les salariés peuvent élaborer des projets de carrière et s'investir dans le travail pour les réaliser. Les satisfactions qu'ils en retirent sont l'expression d'une intégration réussie dans l'entreprise, en particulier dans les relations avec les collègues et les supérieurs hiérarchiques. C'est à partir de ce type idéal de l'intégration professionnelle qu'il est possible maintenant d'étudier ses déviations, lesquelles constitueront autant de sources possibles d'insatisfaction pour les salariés.

En reprenant les deux dimensions de base, on peut distinguer trois types de déviation par rapport à l'*intégration assurée* (voir tableau 1) que l'on qualifiera successivement d'*intégration incertaine* (rapport positif au travail, rapport négatif à l'emploi), d'*intégration laborieuse* (rapport négatif au travail, rapport positif à l'emploi) et d'*intégration disqualifiante* (rapport doublement négatif au travail et à l'emploi).

Tableau 1. — *Le type idéal d'intégration professionnelle et ses déviations*

	Satisfaction dans le travail	*Stabilité de l'emploi*
Type idéal : L'intégration assurée	+	+
Déviations :		
L'intégration incertaine	+	–
L'intégration laborieuse	–	+
L'intégration disqualifiante	–	–

L'*intégration incertaine* correspond à une forme d'intégration professionnelle plus limitée, où l'instabilité de l'emploi ne s'accompagne pas d'une insatisfaction dans le travail. Il s'agit notamment des situations vécues par les salariés qui, tout en travaillant dans de bonnes conditions, en ayant de bonnes relations avec leurs collègues et leurs supérieurs, savent néanmoins qu'ils ont de fortes chances de perdre leur emploi. Il peut s'agir aussi bien de salariés dont le contrat à durée déterminée ne sera pas renouvelé ou de salariés employés dans des entreprises dont l'avenir est incertain. Ce premier type de déviation par rapport à l'*intégration assurée* peut sembler marginal. Les attentes des salariés à l'égard de l'emploi stable sont si fortes que l'on peut faire l'hypothèse qu'ils ne cherchent pas outre mesure à s'impliquer dans un emploi temporaire ou dans un emploi stable qu'ils risquent de perdre, ce qui peut limiter leurs possibilités d'épanouissement au travail. Cette hypothèse est fondée et il ne faut pas l'écarter, mais elle n'épuise pas pour autant la réalité. On peut, en effet, tout aussi bien postuler que l'instabilité de l'emploi est vécue par les salariés comme un moyen de s'affirmer dans le monde du travail, de consolider leur formation et de faire progressivement leurs preuves, d'autant que les employeurs utilisent parfois, on l'a vu, l'emploi précaire comme un moyen de sélection de la main-d'œuvre. Plusieurs résultats empiriques ont confirmé cette hypothèse.

L'*intégration laborieuse* est une forme d'intégration professionnelle assez classique qui correspond aux salariés globalement insatisfaits dans leur travail, mais dont l'emploi n'est pas menacé. L'activité professionnelle ne correspond donc pas pour ces salariés à un plaisir, puisqu'elle implique des souffrances physiques – lorsque les conditions de travail sont pénibles – ou morales, quand l'ambiance dans l'entreprise est tendue, les relations avec les collègues et supérieurs mauvaises. Ce qui garantit l'intégration professionnelle, ce n'est donc pas le travail en lui-même, mais l'emploi qui reste stable. Ces salariés peuvent garder l'espoir d'une amélioration de leur situation dans l'entreprise et éventuellement s'organiser pour faire aboutir leurs revendications. Les salariés proches de l'*intégration laborieuse* ont sans doute aujourd'hui moins de chances encore d'être satisfaits de leur salaire, puisque les entreprises limitent souvent les augmentations, en particulier dans les secteurs de l'économie fortement concurrencés par la production des pays en voie de développement. Dans certaines entreprises, les salariés n'ont pas connu d'augmentations substantielles de salaire depuis de nombreuses années.

Ce type d'intégration professionnelle peut également se développer dans l'administration et les entreprises de service public. La garantie de l'emploi est parfois pour certains salariés la seule raison qui justifie le maintien dans le poste. Il faut rappeler ici que certaines entreprises publiques ou administrations pratiquent ce que l'on appelle la « mise au placard », c'est-à-dire le renvoi du salarié ou du fonctionnaire « indésirable » à des tâches subalternes, voire inutiles. Dans ce cas, l'emploi et le traitement sont maintenus, mais l'épreuve est, bien entendu, douloureuse pour les personnes qui en font l'expérience, puisque leurs supérieurs hiérarchiques consacrent ainsi publiquement leur infériorité ou leur inaptitude. Cette pratique touche davantage les personnes les moins qualifiées, mais ce risque de « mise au placard » peut concerner les niveaux intermédiaires, voire supérieurs de la hiérarchie. Lorsqu'un haut fonctionnaire a été désavoué dans son service, on lui trouve une mission secondaire pour l'écarter, au mieux temporairement, au pire jusqu'à l'âge de la retraite. Cette « mise au placard » revient en définitive à nier purement et simplement les potentialités créatrices de l'individu dans son travail. On le réduit ainsi à un assisté. Cette pratique reste sans doute un cas extrême, mais de nombreux salariés du service public ou agents de l'administration font des expériences qui s'en rapprochent. Ils en arrivent à éprouver un profond dégoût de leur travail, ce que leurs collègues du privé ne peuvent comprendre tant ils ont à l'esprit que les fonctionnaires sont des gens « planqués », ce qui signifie pour eux qu'ils n'ont pas à se plaindre. Les entreprises privées peuvent en arriver dans certains cas à ce type de pratiques, mais elles sont généralement plus expéditives en ayant recours aux licenciements « secs ».

Enfin, l'*intégration disqualifiante* traduit une crise d'intégration professionnelle, puisqu'elle conjugue insatisfaction dans le travail et instabilité de l'emploi. Elle peut se traduire par des problèmes relationnels à l'intérieur de l'entreprise. Les salariés qui en font l'expérience éprouvent le sentiment d'appartenir à un groupe au sein duquel leur identité est menacée, soit parce que leur statut est nettement inférieur à celui des autres, soit parce que le groupe lui-même est condamné à disparaître. La souffrance dans le travail n'est pas, dans ce cas, compensée par l'espoir d'une amélioration. Le statut social de ces salariés est donc plus ou moins remis en question. Leur situation peut être comparée en cela à celle des chômeurs qui ont perdu leur emploi et qui doutent fortement de leur possibilité d'en trouver un autre. C'est pourquoi, j'utilise le terme « disqualifiante ». Je fais référence ici au processus de disqualification sociale qui touche aujourd'hui des franges nombreuses et diverses de la population en menaçant leur identité sous des formes variées[1]. L'intégration est disqualifiante car elle est le début d'un processus qui peut conduire à un cumul de handicaps.

D'aucuns souligneront que ce type ainsi défini est éloigné de l'idée d'intégration professionnelle. Il s'agit, en effet, de la déviation la plus

1. Serge Paugam, *La disqualification sociale,* Paris, PUF, 1991 ; nouvelle édition « Quadrige », 2000.

importante par rapport à l'*intégration assurée.* Elle est malgré tout une intégration professionnelle, puisque les salariés ont un poste de travail, un contrat de travail et une rémunération. Ces éléments n'offrent en réalité au salarié que le cadre élémentaire de son intégration et le privent en même temps de tout ce qui peut lui donner un sens – à savoir, la reconnaissance, la dignité, le moyen d'expression et, enfin, la stabilité. Ce type d'intégration est donc paradoxal. Il peut conduire à l'apathie.

Le type idéal de l'*intégration assurée* et ses trois déviations constituent une typologie de l'intégration professionnelle. En mettant l'accent sur les évolutions et le sens du rapport au travail et à l'emploi qui fondent historiquement les identités salariales, ainsi que sur les logiques à partir desquelles elles se constituent au sein des entreprises, dans les relations de travail, mais aussi en dehors de ces relations, en référence à la logique protectrice de l'État-providence, cette typologie de l'intégration professionnelle constitue un instrument qui tente de concilier une approche psychosociologique des expériences vécues et une approche « structurelle » des conditions économiques et sociales du développement du capitalisme moderne. Examinons maintenant, au regard de cette typologie, la condition ouvrière dans les années de prospérité économique d'après guerre et la condition ouvrière dans la période contemporaine.

L'INTÉGRATION LABORIEUSE DE L'« OUVRIER DE L'ABONDANCE »

Parmi les grandes enquêtes qui ont permis de mieux connaître les transformations du travail industriel et leurs effets sur la conscience ouvrière dans la période de prospérité économique de l'après-guerre, il faut citer tout d'abord celles d'Alain Touraine et de son équipe, en particulier celle de *L'évolution du travail ouvrier aux usines Renault*[1] et celle, plus générale, sur les ouvriers français métropolitains[2]. Réalisées dans les années 1950, elles ont permis d'approfondir à la fois les répercussions des évolutions techniques sur les métiers, le rapport au travail à partir du degré de satis-

1. Alain Touraine, *L'évolution du travail ouvrier aux usines Renault,* Paris, CNRS, « Travaux du Centre d'études sociologiques », 1955.

2. Cette enquête a été menée en 1955-1956 auprès d'un échantillon de plus de 2 000 ouvriers travaillant dans plusieurs secteurs industriels et dans des entreprises d'au moins 10 salariés. Voir Alain Touraine, *La conscience ouvrière,* Paris, Le Seuil, 1966.

faction des ouvriers, les formes de l'organisation du travail et des relations sociales dans l'entreprise, et, enfin, le degré d'appartenance sociale des ouvriers en fonction de l'état des rapports sociaux à ce moment. Touraine a également élaboré à partir de ces travaux un cadre analytique pour étudier la conscience de classe et les mouvements sociaux. Aujourd'hui encore, au-delà de la sociologie du travail, de nombreux sociologues se réfèrent aux trois principes d'*identité*, d'*opposition* et de *totalité* pour étudier comment les acteurs sociaux se définissent eux-mêmes, construisent leur rapport avec autrui et envisagent la société comme un tout historique dans lequel ils sont insérés[1].

Une dizaine d'années plus tard, une autre enquête sociologique menée en Angleterre va marquer les esprits. Réalisée entre 1962 et 1964, cette dernière pose de façon plus précise la question – très discutée dans les années 1960 – de l'*embourgeoisement* de la classe ouvrière et constitue, par conséquent, un point de référence contrasté presque idéal pour étudier la question de la précarité des ouvriers d'aujourd'hui. La population concernée était celle des travailleurs manuels de Luton, au sud-ouest du Bedfordshire, qui était à cette époque un centre industriel en pleine expansion. La théorie de l'embourgeoisement, que les sociologues anglais, au moins dans leur projet initial, souhaitaient vérifier empiriquement, postulait que les travailleurs manuels et leurs familles adoptaient un style de vie qui les rapprochait de la classe moyenne à laquelle ils s'intégraient progressivement à partir du moment où leur revenu et leur niveau de vie atteignaient un niveau relativement élevé. Le choix de Luton a été guidé par la préoccupation de trouver un lieu d'enquête correspondant à un environnement social favorable à un embourgeoisement : de nombreux ouvriers qui y travaillaient étaient, en effet, mobiles géographiquement et avaient été attirés dans cette région par l'espoir d'un niveau de vie plus élevé. Ils étaient nombreux également à vivre dans des zones résidentielles constituées de lotissements privés. Les entreprises implantées dans cette région avaient enfin la réputation de pratiquer une politique salariale favorable à la promotion professionnelle et la mobilité sociale de leur personnel.

L'enquête conduisit les chercheurs à étudier plusieurs dimensions de la vie de ces ouvriers. Le style monographique de la restitution des résultats

1. C'est le cas notamment de François Dubet, même si celui-ci souligne que ces trois principes d'action entretiennent non pas des rapports nécessaires comme le pensait Touraine, mais des liaisons plus aléatoires. Voir François Dubet, *Sociologie de l'expérience,* Paris, Le Seuil, 1994.

témoigne de la diversité des thèmes et de la richesse du matériau recueilli. Ont été successivement abordés le rapport au travail, le rapport au groupe de travail, le rapport à l'entreprise, le rapport au syndicat, le rapport à l'avenir économique, mais aussi les attitudes politiques et, enfin, les formes de sociabilité en dehors du travail. Mais, au-delà du caractère exemplaire de cette enquête, son intérêt réside dans la conclusion principale sur laquelle elle débouche. L'ouvrier de l'abondance a une relation instrumentale au travail, au sens où il oriente l'ensemble de ses comportements dans la sphère professionnelle en fonction d'une fin extérieure au travail lui-même. Ce qui compte avant tout pour lui, c'est la rétribution de son travail et non la valeur intrinsèque de celui-ci. Son accomplissement personnel passe par la possibilité qui lui est offerte d'améliorer son niveau de vie par une augmentation du salaire. Le travail correspond alors à une tâche ordinaire à accomplir non pour s'épanouir en la réalisant, mais pour atteindre des objectifs de consommation et de bien-être. Les ouvriers se sentent attachés à leur entreprise par un lien économique. « Il s'agit donc d'un engagement de faible intensité, neutre ou modéré en termes d'affectivité, et non hautement positif ou négatif. »[1] Puisque le travail ne fait pas partie de leurs centres d'intérêt principaux, ils s'impliquent de façon limitée dans la vie collective de l'entreprise et adoptent une attitude très pragmatique vis-à-vis des syndicats en cherchant avant tout à obtenir d'eux des services adaptés à leurs projets personnels. Autrement dit, on peut décrire l'orientation instrumentale comme un calcul rationnel qui traduit en termes économiques les contraintes du travail. Pour ces travailleurs manuels, obtenir une bonne rémunération était une compensation acceptable à un travail comportant une part de tâches répétitives sans intérêt.

Cette analyse a conduit à dépasser la théorie des relations humaines en vigueur à cette époque en soulignant, par exemple, que les contacts des ouvriers avec leurs contremaîtres n'étaient pas un facteur essentiel de satisfaction au travail. Le système social de l'entreprise apparaissait ainsi comme relativement secondaire à partir du moment où les motivations des ouvriers étaient clairement analysées en termes de rationalité économique.

L'*orientation instrumentale* qui caractérise l'ouvrier de l'abondance correspond, pour les auteurs, à un type idéal. Ils ont distingué pour les

1. John H. Goldthorpe *et al.*, *L'ouvrier de l'abondance*, Paris, Le Seuil, 1972, p. 87. Il s'agit de la traduction partielle de *The Affluent Worker* comprenant 3 volumes publiés entre 1968 et 1969 à Cambridge University Press.

besoins de l'analyse deux autres types qu'ils ont considérés comme des déviations par rapport à ce type idéal : l'*orientation bureaucratique* et l'*orientation solidariste.*

L'*orientation bureaucratique* renvoie au monde de l'employé salarié. Le sens premier du travail est celui de la carrière : en échange d'un service rendu à l'organisation, le salarié bénéficie à la fois d'un revenu et d'un statut social en augmentation régulière. Il reçoit un traitement qui correspond à une fonction et à un échelon précis, et qui varie en fonction du temps de service. La sécurité de l'emploi et les perspectives de carrière impliquent en contrepartie une certaine loyauté vis-à-vis de l'administration. L'engagement ne peut être neutre dans ce cas. Il se traduit normalement en termes positifs lorsque les objectifs sont atteints et les espérances morales satisfaites, ou en termes négatifs dans le cas contraire. « Le travail représente un centre d'intérêt essentiel, dans la mesure où la carrière est vitale dans la destinée de l'individu. »[1] La dichotomie entre le travail et le non-travail apparaît, de ce fait, difficile à établir. L'intégration professionnelle a de fortes chances de déterminer en grande partie l'intégration dans la vie sociale.

L'*orientation solidariste* correspond à l'ouvrier traditionnel. Dans ce cas, le travail est « ressenti non seulement comme un moyen de parvenir à une fin, mais aussi comme une activité de groupe, que ce soit le groupe immédiat de travail ou de l'atelier, ou bien, dans une firme de dimension réduite, l'entreprise tout entière »[2]. Ce qui compte avant tout, c'est la solidarité qui peut donc s'exercer soit entre tous les membres de l'organisation, auquel cas l'attachement à l'entreprise est d'ordre moral et positif, soit, de façon plus restrictive, entre les membres d'un groupe particulier de travailleurs, ce qui implique alors une adhésion partielle à l'organisation et une opposition entre « eux » – c'est-à-dire, le plus souvent, les chefs – et « nous » – le groupe des pairs, uni par le même métier et la même culture. L'engagement dans le travail est dans ce cas important, puisqu'il satisfait les besoins d'expression et d'affectivité du travailleur. Cet univers du travail a des conséquences sur la vie sociale. La communauté professionnelle est en quelque sorte prolongée par la communauté sociale et familiale, et l'ensemble forme une culture qui se transmet de génération en génération.

1. *Ibid.,* p. 88.
2. *Ibid.,* p. 89.

Les auteurs anglais suggèrent une interprétation de l'évolution historique de la condition ouvrière. Si le style de vie des ouvriers aisés s'est fortement différencié de celui des ouvriers traditionnels, il faut y voir le passage progressif, dans cette période de forte prospérité économique, de l'*orientation solidariste* à l'*orientation instrumentale*. Mais ils se gardent de conclure en faveur de la théorie de l'embourgeoisement. Il s'agit plutôt, d'après eux, d'une adaptation des modèles traditionnels ouvriers et non d'une réorientation normative fondamentale. « L'hypothèse d'une aspiration à imiter les styles de vie des classes moyennes est non seulement inutile, mais elle est aussi suspecte : car il apparaît que certains traits tout à fait caractéristiques de la vie sociale des classes moyennes ne se révèlent pas distinctement chez les membres de la nouvelle classe ouvrière (par exemple, les réceptions régulières et mutuelles entre couples et le niveau relativement élevé de participation à des clubs, sociétés, etc.). »[1]

Cette enquête ne permet pas de généraliser les résultats à l'ensemble de la condition salariale, mais elle constitue un point de référence essentiel pour établir des comparaisons avec la période actuelle. Elle est encore aujourd'hui citée dans les manuels de sociologie du travail tant elle a marqué une génération de chercheurs. On peut penser que l'intégration laborieuse, telle que nous l'avons définie plus haut, est celle qui correspond le mieux à ces ouvriers de l'abondance. Puisque ces derniers avaient, pour la plupart, une relation instrumentale au travail et s'impliquaient, on l'a vu, de façon très limitée dans la vie collective de l'entreprise, l'essentiel étant pour eux d'améliorer leur vie quotidienne en dehors du monde professionnel, de pouvoir s'installer avec leur famille dans un pavillon confortable et d'avoir des loisirs. Dans une certaine mesure, le seul intérêt du travail pour ces ouvriers des « Trente Glorieuses » était le salaire, puisque c'était le niveau de ce dernier qui conditionnait la réalisation de tous les projets d'amélioration des conditions de vie. Or le principe même du fordisme était, on le sait, de permettre l'augmentation des salaires, laquelle rendait possible la consommation de masse.

1. J. H. Goldthorpe *et al., The Affluent Worker, op. cit.,* t. III, p. 25.

Depuis, plusieurs recherches ont porté sur les nouvelles formes de participation à la vie collective des entreprises[1] et sur la condition ouvrière décrite à partir de monographies[2], mais peu d'enquêtes ont été menées à grande échelle sur l'intégration professionnelle et ses effets sociaux. Il semble évident pourtant qu'en raison de l'augmentation du chômage et des statuts précaires de l'emploi, mais aussi des mutations de l'organisation du travail dans les entreprises, les formes de l'intégration professionnelle ont profondément évolué. On peut se demander si les ouvriers peu satisfaits de leur rémunération et inquiets face à leur avenir, en raison notamment du risque de perdre leur emploi, peuvent encore avoir cette orientation instrumentale au travail. La précarité de leur travail et de leur emploi ne les condamne-t-elle pas à subir les contraintes économiques plus qu'à élaborer des stratégies personnelles de promotion sociale et d'amélioration de leur niveau de vie ?

Dans l'exploitation de l'enquête *Le salarié de la précarité*[3], on a pu examiner la répartition des CSP par type d'intégration professionnelle et confirmer les inégalités que l'on pouvait attendre (voir tableau 2). Plus de 75 % des cadres sont dans l'*intégration assurée* et 3 % environ dans l'*intégration disqualifiante*. À l'autre extrémité de l'échelle socioprofessionnelle, les ouvriers non qualifiés sont, au contraire, très faiblement représentés dans l'*intégration assurée* (13 % seulement) et fortement représentés dans l'*intégration disqualifiante* (55 %).

Plusieurs entreprises regroupant une frange importante d'ouvriers ont été également étudiées. Le constat d'une forte souffrance au travail a été fait dans plusieurs d'entre elles, notamment dans deux entreprises agro-alimentaires et dans une entreprise de meubles. Ces trois entreprises ont en commun de n'offrir aucune garantie de carrière à leurs salariés, en raison de leurs difficultés économiques et des risques de licenciements. Ces condi-

1. Pour une synthèse de ces recherches, on pourra se reporter à Christian Thuderoz, « Du lien social dans l'entreprise. Travail et individualisme coopératif », *Revue française de sociologie*, XXXVI, 2, 1995, p. 325-354.

2. On lira notamment le livre de Stéphane Beaud et Michel Pialoux, *Retour sur la condition ouvrière. Enquête aux usines Peugeot de Sochaux-Montbéliard*, Paris, Fayard, 1999.

3. Serge Paugam, *Le salarié de la précarité. Les nouvelles formes de l'intégration professionnelle*, Paris, PUF, 2000 ; nouvelle édition « Quadrige », 2007. Le lecteur trouvera dans cet ouvrage une description précise de l'enquête qui en est à l'origine.

Tableau 2. — *Les types d'intégration professionnelle selon la catégorie socioprofessionnelle* (en %)

	Intégration assurée	*Intégration incertaine*	*Intégration laborieuse*	*Intégration disqualifiante*	*Total*	*N*
Cadres supérieurs	75,5	12,0	9,0	3,5	100	200
Prof. intermédiaires	44,8	17,1	23,3	14,8	100	344
Employés	38,7	26,7	19,3	15,3	100	176
Ouvriers qualifiés	20,8	18,6	27,6	33,0	100	221
Ouvriers non qualifiés	13,1	15,5	16,7	*54,7*	100	84
Ensemble	42,0	17,9	20,2	19,9	100	1 025

Source : Enquête OSC, « Emploi salarié et conditions de vie », 1995.

tions extrêmes, où la dureté du travail n'offre aucune compensation vraiment satisfaisante et où l'insécurité de l'emploi est permanente, sont celles de l'*intégration disqualifiante*. Pour s'adapter au marché, l'une de ces entreprises, une conserverie de poissons, a ouvert un nouvel atelier de conditionnement en faisant uniquement appel à des intérimaires. Plus de la moitié de son personnel est aujourd'hui composée de ce type de main-d'œuvre. Le monde du travail que décrivent les ouvrières de cette conserverie apparaît à bien des égards repoussant. Le bruit, la saleté, l'humidité qui provoque, à la longue, des problèmes d'articulation, les odeurs qui imprègnent les vêtements et la peau, les cadences, l'absence de reconnaissance, telles sont les souffrances endurées tous les jours par le personnel de cette usine. Face à ces conditions de travail qui semblent relever d'un autre âge, il n'est même pas permis d'oser protester. La peur du chômage dissuade toute contestation, d'autant que cette conserverie de poissons – dont le nom est très connu – peut à tout moment choisir de délocaliser sa production.

L'entreprise de meubles où l'enquête a été réalisée est caractéristique des entreprises industrielles en déclin, mais l'état d'esprit qui y règne est sans doute encore pire que dans les deux entreprises agro-alimentaires étudiées. Située dans une petite ville de province, elle a connu son heure de gloire dans les années 1960 en produisant des cuisines modernes dont les consommateurs de l'époque étaient particulièrement friands. Il s'agissait alors d'une entreprise dirigée de façon paternaliste par son fondateur. Mais, comme dans beaucoup d'entreprises de ce type, le départ en retraite du patron a eu pour effet de remettre en question l'esprit maison qui y régnait. Par ailleurs, l'adaptation au marché s'est faite trop lentement et les nouveaux dirigeants n'ont pas réussi jusque-là à redresser la situation financière inquiétante. Cette entreprise a donc fait l'objet de plusieurs plans sociaux (un tous les quatre ans en moyenne au cours des deux dernières décennies). Elle comptait encore 1 200 salariés en 1982, mais il n'en restait plus que 370 en 1998 au moment de l'enquête qualitative. Autant dire tout de suite que les salariés vivent aujourd'hui en permanence sous la menace d'une nouvelle « charrette » ou d'un nouveau « wagon », expressions qui signifient pour eux un nouveau plan de licenciements[1].

Il est frappant que, lorsqu'on interroge les salariés sur leur entreprise, ils racontent tous la même histoire, y compris les plus jeunes qui n'ont pas connu la « grande époque ». Cette histoire se résume en deux temps : le passé où tout allait bien autour d'un fondateur et patron apparemment consensuel et un présent où tout va mal. L'image de la décadence est dans toutes les têtes. Elle est constitutive de l'identité de base des salariés, identité meurtrie par les épreuves douloureuses qu'ils ont vécues, mais aussi par les souffrances qu'ils endurent chaque jour dans cette entreprise sans obtenir la moindre reconnaissance.

L'image de la décadence s'est également répandue au-delà de l'entreprise. Elle n'échappe pas, bien entendu, aux responsables politiques de cette ville et, plus largement, du département. Ces derniers sont inquiets face aux sombres perspectives que la chute de cette entreprise entraîne pour toute la région. Lorsqu'une entreprise de plus de 1 000 salariés au début des années 1980 est implantée dans une ville qui compte moins de 8 000 habitants, on peut comprendre que son déclin a un effet considérable sur l'ensemble de l'activité économique. Sa chute devient une affaire publique. Les salariés qui ont fait l'expérience du premier plan social de 1982 racontent d'ailleurs que la liste des licenciés (environ la moitié du personnel) a été affichée à la mairie et que de nombreux salariés ont appris ainsi qu'ils faisaient partie du « wagon ». Lors du dernier redressement judiciaire au début de l'année 1996 suite à une cessation de paiement du groupe financier propriétaire, la presse locale s'est fait l'écho, au jour le jour, de toutes les

1. D'après les résultats de l'enquête quantitative, on peut estimer à 85 % la proportion de salariés de cette entreprise qui se sentent menacés par un risque de licenciement, ce qui représente le taux le plus élevé de toutes les entreprises de l'échantillon.

péripéties de cet événement qui a mis en scène successivement plusieurs acteurs, notamment l'administrateur judiciaire, l'huissier de justice, la direction, les syndicalistes, les salariés, les élus, les repreneurs, etc. Après un débrayage d'une grande partie des salariés pour soutenir leurs représentants en délégation au tribunal de commerce qui devait statuer sur l'avenir de leur entreprise et une grande manifestation dans les rues de la ville, la plupart des commerces et des services (y compris les grandes surfaces) ont décidé au cours d'un après-midi de lancer une opération « ville morte », c'est-à-dire de fermer leurs portes pour témoigner leur solidarité à l'égard de toutes les personnes susceptibles de perdre leur emploi.

En dépouillant deux quotidiens régionaux, nous avons recensé pas moins de 36 articles de presse sur cette affaire dont les rebondissements, du dépôt de bilan au rachat par un autre groupe financier, ont mobilisé l'attention pendant une dizaine de mois. Autant dire que tous les habitants de la région ont été régulièrement informés de toutes les tractations autour de l'entreprise qui reste encore aujourd'hui, en dépit des licenciements, le plus gros employeur du bassin d'emploi.

Pour les salariés, le passage d'une entreprise gérée de façon paternaliste à une entreprise gérée en fonction des intérêts d'un groupe financier qui les dépasse est en lui-même un mauvais signe. Puisque l'entreprise passe successivement d'un groupe à l'autre, ils suspectent ces sociétés holding de rechercher le profit immédiat sans se soucier des emplois et de l'investissement industriel.

Les responsables syndicaux ont d'ailleurs compris que pour se faire entendre ils ne peuvent s'en tenir à un entretien avec la direction de leur entreprise. Dans ce type de groupes financiers, la direction de l'usine change régulièrement. Une méthode plus efficace consiste, d'après le délégué CGT de cette entreprise, à envoyer une télécopie au siège général. En court-circuitant la direction, la menace d'un débrayage est davantage prise au sérieux, ce qui conduit parfois au déplacement sur place du directeur du groupe. Mais si cette technique peut produire des effets positifs sur les revendications des salariés, la rotation fréquente des dirigeants de l'entreprise est en elle-même le symptôme d'un malaise profond. Le personnel est désemparé par ces mutations tant elles sont l'expression d'un manque de continuité. Dans certains cas, les salariés ont à peine eu le temps de faire connaissance avec le nouveau directeur qu'il s'apprête déjà à partir. Or il est clair qu'une entreprise ne peut fonctionner sans un cadre normatif suffisamment stable pour que les salariés perçoivent ce que l'on attend d'eux et définissent leurs engagements en fonction des objectifs à atteindre. Un changement de direction est en quelque sorte pour les salariés une rupture de cadre. L'absence ou le flou de la nouvelle structure les rend perplexes. Ils s'efforcent d'en savoir davantage, mais n'y parviennent pas facilement, ce qui accroît leur inquiétude et, à terme, peut annihiler leur implication dans le travail.

Parce qu'ils ne savent plus très bien où ils vont dans cette entreprise qui leur semble suspendue à un fil, ils ont tendance à se reporter au passé. « C'était un autre monde », dit tout simplement un ouvrier de 55 ans qui a fait toute sa carrière dans cette entreprise. D'après lui, si le carnet de commandes était aujourd'hui aussi fourni que dans les années 1960, l'entreprise serait incapable de les honorer tant les dirigeants actuels ne sont pas à la hauteur. Et revient toujours avec une nostalgie non dissimulée la référence à l'époque de l'ancien directeur : « Il n'y a pas beaucoup de monde qui peut en dire du mal. C'était un gars qui savait travailler. Il pouvait prendre le chalumeau pour souder lui-même. Il était admiré, estimé... » Ce passé représente pour les salariés un cadre normatif cohérent qui a disparu.

Les formes de la dévalorisation salariale

Beaucoup d'ouvriers se plaignent de l'indifférence de la direction à leur égard. On peut même parler dans certains cas d'un éloignement de l'encadrement vis-à-vis de l'organisation elle-même du travail d'usine, à tel point que les ouvriers doivent parfois prendre des initiatives à leur place sans en maîtriser, faute d'informations, toutes les conséquences. Puisqu'ils ne sont que des subordonnés dans l'entreprise, ils attendent de leurs supérieurs hiérarchiques une compétence sans faille et une réelle connaissance du fonctionnement quotidien de l'atelier. Lorsque les agents d'encadrement et les chefs d'équipe se contentent de suivre les opérations de façon superficielle et de donner des ordres qui paraissent insensés, ils créent un climat de tensions. Les ouvriers les considèrent comme irresponsables et y voient un signe supplémentaire de déclin de l'entreprise.

Dans d'autres secteurs de l'entreprise, ce n'est pas tant l'indifférence des chefs à l'égard des salariés qui prévaut que la pression extrême qu'ils exercent sur une partie du personnel. Comme dans la plupart des entreprises, les ouvriers travaillent de plus en plus en flux tendu, ce qui les oblige souvent à modifier, voire à bouleverser, le programme de production. Les ouvriers jugés les plus aptes à supporter les variations de rythmes sont donc soumis à des contraintes multiples au cours d'une journée selon les ordres qu'ils reçoivent. Ils passent ainsi d'un atelier à un autre en abandonnant à chaque fois ce qu'ils avaient commencé. Les efforts qu'ils fournissent ainsi ne sont, d'après eux, jamais récompensés. Les salariés ont alors le sentiment d'être abandonnés à leur sort et corvéables à merci.

La dévalorisation des salariés se caractérise aussi par la médiocrité de leur rémunération et l'absence de possibilités de promotion. Au cours des années 1960 et 1970, les salaires étaient également relativement bas, mais, comme le travail abondait, les ouvriers de cette époque effectuaient beaucoup d'heures supplémentaires, si bien que leurs fiches de paie étaient, compte tenu de l'évolution du pouvoir d'achat, proportionnellement supérieures à celles que reçoivent les ouvriers d'aujourd'hui. De ce fait, même non qualifié, le travail réalisé il y a seulement une vingtaine d'années dans cette entreprise donnait aux salariés le sentiment d'être nettement mieux rémunérés. Il leur procurait effectivement un meilleur niveau de vie. On constate d'ailleurs, en parcourant la région rurale où cette entreprise est installée, que de nombreux pavillons ont été construits au cours de cette période. Le salarié de l'époque était en quelque sorte un « ouvrier de l'abondance ». La relation que ces ouvriers entretenaient au travail était d'autant plus instrumentale qu'elle leur procurait des satisfactions économiques non négligeables, surtout dans une région où le coût de la vie restait bas en comparaison à des zones plus urbanisées.

Aujourd'hui, on ne fait pratiquement plus d'heures supplémentaires dans cette entreprise, puisque le volume de l'activité globale s'est restreint. Les salaires stagnent. La possibilité de compenser l'insatisfaction au travail de l'*homo faber* par la satisfaction de l'*homo œconomicus* qui s'estime correctement rémunéré est, par conséquent, nettement plus faible. Cette situation est jugée anormale. Elle apparaît aux salariés comme profondément injuste, d'autant qu'ils établissent des comparaisons avec d'autres établissements où les salaires sont plus élevés à niveau de qualification égal. Elle leur semble également injuste par rapport aux cadres de leur entreprise.

Il est inutile de demander des augmentations. Un ouvrier explique que la réponse de la direction est toujours : « La porte est ouverte, tu prends la porte, tu t'en vas, c'est pas mon problème, tu fais le boulot ou tu prends la porte. » Par contre, dit-il, lorsque l'entretien avec le patron se déroule en présence de témoins, le langage est plus diplomatique : « Écoutez, vous savez bien que, dans la conjoncture actuelle, on ne peut pas se permettre d'augmenter les gens, donc on va étudier votre cas, on vous donne une réponse ultérieurement. » Plusieurs salariés de cette entreprise ont confirmé que la direction est toujours dans une position de force face à ce type de revendications. La direction et l'ensemble des salariés savent très bien que le risque de rester longtemps au chômage après un licenciement est particulièrement élevé dans cette région rurale où les emplois sont rares. Il est donc facile d'utiliser l'argument du chômage pour ne pas augmenter les salaires. Ce rapport de forces en faveur de la direction a pour effet de démobiliser l'action revendicative des ouvriers. La plupart d'entre eux préfèrent se taire plutôt que de militer au sein de l'entreprise pour une amélioration de leur condition salariale. Notons aussi que les luttes syndicales n'ont jamais été très vives dans cette entreprise. Les ouvriers sont, pour la plupart, d'origine rurale. Ils ont toujours préféré s'investir dans le « travail à côté » d'autant que les ressources de l'économie rurale leur en donnent la possibilité[1]. L'enquête sur le terrain a permis d'observer que plusieurs d'entre eux cultivent un jardin, pratiquent la pêche ou la chasse.

Le repli sur la vie hors travail est encore plus courant aujourd'hui que la vie à l'usine n'offre plus de perspectives. Les chances de promotion y sont extrêmement réduites. « L'avenir, on n'en a pas », résume un jeune ouvrier. Une entreprise qui n'offre aucune perspective de promotion à ses salariés risque à la longue de les décourager. On peut citer ainsi le cas d'un ouvrier recruté à la suite d'un stage qui lui a permis d'acquérir une qualification recherchée de programmeur sur machines numériques. Il espérait au moment de son recrutement exercer une fonction correspondant à cette qualification, mais, pendant près de dix ans il a dû se contenter d'une activité de manœuvre. On lui a confié récemment le dépannage d'un logiciel informatique, mais à peine achevé ce travail qui a duré une quinzaine de jours, il est retourné à son poste antérieur, en ayant encore une fois le sentiment d'être un « pion » que l'on déplace au gré des besoins. Aucune de ses compétences n'a été vraiment reconnue depuis qu'il travaille dans cette entreprise, ce qui le rend, bien entendu, amer à l'égard de la direction. Il avoue désormais travailler sans plaisir. Comme

1. Ce type de pratiques est bien connu des spécialistes de la culture ouvrière. On lira sur ce point le travail de Florence Weber, *Le travail à côté. Étude d'ethnographie ouvrière,* Paris, INRA-EHESS, 1989.

les autres, il a renoncé à l'idée d'une promotion et a appris à se « laisser couler ». Comme d'autres également, il va aujourd'hui au « travail en marche arrière ».

Les conséquences de la dévalorisation salariale sont très lourdes pour l'entreprise. Les salariés sont nombreux désormais à travailler sans aucun enthousiasme. Ils ont même perdu, comme le souligne l'un des délégués syndicaux, le sens du travail bien fait. Ils ne voient plus l'utilité de leur fonction, d'autant que rien n'a été fait dans l'entreprise pour la leur rappeler. Ils sont socialement disqualifiés avant d'être au chômage.

L'attitude de certains ouvriers est de réagir aux réprimandes des patrons en ralentissant de façon délibérée le rythme de travail ou en laissant passer volontairement sur la chaîne ou au moment de l'emballage des pièces défectueuses. Cette attitude qui conduit à chercher à nuire à l'entreprise est une révolte silencieuse des ouvriers contre les chefs, mais elle est aussi une façon de protester contre un système aliénant. Il s'agit d'une attitude qui n'est pas nouvelle dans le monde industriel. Puisque les patrons se permettent de maintenir les ouvriers dans une condition avilissante, ces derniers contribuent au sabotage. On peut alors définir celui-ci comme « un acte intentionnel, individuel ou collectif, portant sur le produit fabriqué ou sur l'outil de travail, ayant pour résultat une diminution de la production quantitative ou qualitative, temporaire ou définitive »[1]. Lorsqu'on interroge les ouvriers de cette entreprise, ils reconnaissent avec franchise qu'ils en viennent quelquefois à cette solution tant ils se sentent révoltés et impuissants.

Il faut comprendre que cette attitude est le résultat d'un système où chacun fait porter sur l'autre les difficultés quotidiennes liées à un mauvais fonctionnement de l'organisation du travail. Les ouvriers sont les premiers à reconnaître que « c'est le bordel ». Une ouvrière qui travaille selon le système des 2 × 8 explique, par exemple, qu'elle n'est jamais certaine d'avoir suffisamment d'activité quand elle prend son service car le rythme des équipes et des ateliers n'est pas bien coordonné. En revanche, certains jours, les cadences sont beaucoup plus fortes car il faut rattraper les retards consécutifs à des défaillances multiples. Lorsqu'il faut produire rapidement dans des délais rapprochés, les chefs d'atelier veulent atteindre les objectifs qui leur ont été fixés et exercent sur les ouvriers une très forte pression, lesquels agissent alors de façon machinale sans se soucier de

1. Pierre Dubois, *Le sabotage dans l'industrie,* Paris, Calmann-Lévy, 1976, p. 10.

toutes les vérifications nécessaires sur la qualité des produits. Dans leur esprit, c'était à leur chef d'en prendre la responsabilité. « Ils veulent telle quantité, ils l'auront », disent-ils, mais tant pis si c'est au prix de la qualité.

Une ouvrière qui travaille à l'atelier de finition constate que, lorsque ses collègues ont pris le soin de retirer les pièces défectueuses, ce sont les chefs d'atelier qui viennent les reprendre pour les faire réparer tant bien que mal et les comptabiliser ensuite dans les chiffres de la production journalière, tant ils sont eux-mêmes angoissés de ne pas pouvoir atteindre les volumes fixés par la direction. Il s'agit d'un cercle vicieux : les ouvriers sont faiblement rémunérés et sans perspective d'avenir dans l'entreprise ; ils manquent d'enthousiasme au travail et ne supportent pas les chefs et la direction en qui ils n'ont aucune confiance pour redresser l'entreprise ; ils sabotent en partie le produit fabriqué et ne croient donc plus en la qualité de la production ; les commandes restent faibles et les clients insatisfaits, ce qui à terme risque d'être fatal à l'entreprise et donc aux derniers emplois qu'elle a réussi à conserver.

La désagrégation du « nous »

La solidarité ouvrière n'a jamais été très forte dans cette entreprise, mais les salariés décrivent tous le passé avec nostalgie pour rappeler les moments de convivialité dans l'entreprise. « L'ambiance n'est plus ce qu'elle était », soulignent-ils avec regret. Les explications qu'ils donnent sont liées au déclin de l'entreprise comme on peut le constater dans les propos de cet ancien ouvrier.

Si les ouvriers sont devenus « désaxés », c'est aussi parce qu'ils savent très bien qu'il est désormais illusoire d'attendre la moindre reconnaissance de leur travail, ni de la part de leurs chefs, ni de la part de leurs collègues. Chacun travaille non pas pour se sentir valorisé par sa propre contribution à un collectif, mais tout simplement pour attendre que les heures passent au plus vite. L'entente entre les ouvriers se résume alors à un simple bonjour-bonsoir. Dans ces conditions, l'*homo sociologicus* ne compense en rien les insatisfactions de l'*homo faber* et de l'*homo œconomicus,* car le sens même de la complémentarité dans le travail, de la défense collective des intérêts des ouvriers semble avoir disparu. Le « nous » du travail est en lui-même plus difficile à prononcer. Les ouvriers parlent souvent d'eux indirectement. Ils préfèrent dire : « les gens » comme si toute identification au groupe qu'ils représentent leur est impossible. L'identification à l'entreprise est également contournée dans le discours. Au lieu de dire : « chez nous » ou « dans notre entreprise », les ouvriers diront plus volontiers : « chez R. », un peu comme si cette entreprise n'était pas la leur et qu'elle ne représentait rien de positif pour eux. Le langage est en lui-même révélateur de l'effort de distanciation des salariés vis-à-vis de tout ce qui les rattache à leur groupe de travail et à leur l'entreprise.

Si les ouvriers continuent à y travailler, c'est parce qu'ils ne peuvent pas faire autrement, compte tenu de leur situation familiale et économique, mais, contrairement aux salariés proches de l'intégration laborieuse qui peuvent compenser le dégoût du travail par la stabilité de l'emploi, ils n'ont aucune garantie face à l'avenir. Dans cette entreprise, les ouvriers sont d'autant plus angoissés par l'éventualité d'un nouveau dépôt de bilan qu'ils savent bien que l'activité productive au sein de leur atelier de travail ou de l'entreprise dans sa globalité n'est pas satisfaisante. L'intériorisation d'une identité négative est très forte. Elle s'exprime à travers l'expression d'un ouvrier dérouté à la fois par les pièces défectueuses qui continuent à être produites et par la crise de l'entreprise : « On travaille pour la chaudière. » Il entendait, bien entendu, par là qu'une partie de la production était destinée à être détruite, faute d'être commercialisable.

L'exemple de cette entreprise renvoie à un monde du travail qui paraît à bien des égards repoussant, voire effrayant, en particulier pour des jeunes qui recherchent activement un emploi en espérant y trouver l'épanouissement et le réconfort. Cet exemple peut paraître caricatural, mais il ne l'est pas. Il permet de comprendre et de vérifier empiriquement le type de l'*intégration disqualifiante*. Cette forme d'intégration professionnelle concerne aujourd'hui en priorité les ouvriers et plus encore les ouvriers non qualifiés. Elle est devenue malheureusement très courante, tant le marché de l'emploi s'est dégradé au cours des trente dernières années dans le secteur industriel. Il correspond au monde des entreprises qui périclitent et qui ne peuvent offrir à leurs salariés que de sombres perspectives. Si, pour reprendre la conceptualisation d'Halbwachs, il est possible d'admettre que les ouvriers de la période des années 1960 se sont rapprochés du foyer de la vie sociale, il est également facile de démontrer que les ouvriers des années 1990-2000 s'en sont éloignés.

Les errances de la conscience de classe

Aline Caillet

La conscience et la lutte de classes ont fait l'objet d'une attention particulière du côté du cinéma, tout particulièrement dans l'après-68 où un cinéma documentaire d'inspiration maoïste s'établit comme vecteur des luttes au côté des travailleurs en grève. Qu'il s'agisse de groupes comme les Medvedkine[1], au slogan explicite : « Le cinéma est une arme », constitués d'ouvriers et de cinéastes, du collectif militant Cinéluttes, ou encore de Marin Karmitz qui co-écrit un film avec des ouvrières de l'industrie textile, l'ambition est de dépasser la seule fonction d'inscription et de témoignage de la caméra pour la transformer en un véritable agent actif, ferment de conscientisation.

En effet, en s'immisçant dans l'usine, la caméra s'inscrit dans un mouvement dialectique à même de dépasser la contradiction inhérente à la conscience de classe du prolétariat, à la fois idéologiquement déterminée et consciente de sa tâche historique[2]. Porter le prolétariat à l'écran, en faire le

1. Constitués à partir de 1969 à Besançon et Sochaux autour de cinéastes tels que Chris Marker, Jean-Luc Godard, Bruno Muel...

2. Contradiction qui enferme le processus d'émancipation dans un cercle logique : « Si la production de fausses apparences est inhérente au fonctionnement de la société bourgeoise, l'émancipation de ces apparences est donc liée à la lutte contre la société bourgeoise ; or l'agent principal de cette lutte, le prolétariat, est lui aussi soumis à la domination de ces fausses apparences » (Georges Labica, Gérard Bensussan, *Dictionnaire critique du marxisme,* Paris, PUF, 1982, art. « Conscience », p. 228). D'où la circularité du problème : comment transformer une société en

Cités 35, Paris, PUF, 2008

sujet du film en lui laissant prendre en charge la représentation qu'il veut donner de lui-même, constitue ainsi déjà un premier acte d'émancipation au travers de la prise de parole et du contrôle de l'image, à même de dépasser les fausses apparences dont il est victime. L'autre idée forte est de faire du cinéma un instrument de combat où, en se filmant elle-même, la classe ouvrière invente sous nos yeux les moyens de la lutte. Le cinéma s'affirme ainsi tout à la fois instrument de désaliénation (désidéologisation) et germe d'union du prolétariat comme sujet universel de l'histoire.

Au virage des années 1990-2000, à parcourir quelques titres de films, c'est un tout autre ton que donne à entendre le cinéma. Le vocabulaire direct de l'opposition et de la revendication exaltée, portée haut et fort, cède la place à celui, introverti, du malaise ou de la condamnation : Au *Coup pour coup* (Marin Karmitz, 1972) ou aux *Classes de lutte* (groupe Medvedkine, 1969), succèdent la *Violence des échanges en milieu tempéré, Attention danger travail, J'ai (très) mal au travail,* ou encore *Ils ne mourraient pas tous, mais tous étaient frappés*[1].

Quoique très différents, ces films mettent tous en scène une nouvelle forme de souffrance, essentiellement psychique, liée à une individualisation du rapport au travail et à la solitude qu'elle entraîne. Le conflit extérieur, objectif, entre patrons et ouvriers se déporte au sein même de la subjectivité, tiraillée entre des forces contraires. Et la caméra, logée au cœur de ce drame désormais intime, semble assister impuissante à ce qu'elle ne parvient pas à dénouer.

Car de fait, si rien ne semble plus pouvoir se résoudre, c'est que la nature de l'antagonisme, elle aussi, a changé. L'ennemi de classe, autrefois clairement identifié, se révèle aujourd'hui diffus. Acteur et témoin de cette mutation, le cadre supérieur émerge comme nouveau sujet de représentation – personnage dont le conflit intérieur semble cristalliser celui révolu entre patrons et ouvriers et dont la conscience est à l'image de sa position dans l'entreprise : instable, errante, incertaine d'elle-même.

Ainsi, dans les trente dernières années, on passe nettement d'un affrontement collectif à un déchirement intérieur, de l'ivresse de la lutte à son ajournement dont la souffrance est la marque persistante.

restant soumis à un système de représentations qui la légitime ? Et comment se libérer de ces représentations, tant que subsiste la société qui les produit ? L'ambition du cinéma militant post-68 vise précisément à briser ce cercle vicieux.

1. Respectivement de Jean-Marc Moutout (2004), Pierre Carles (2003), Jean-Michel Carré (2007), Marc-Antoine Roudil et Sophie Bruneau (2006).

Ressources humaines (Laurent Cantet, 1999), en résonance avec l'actualité du moment – mise en place des 35 heures suite à la loi Aubry du 13 juin 1998 (dite loi Aubry I), nouvelle place prépondérante du département des ressources humaines dans l'organisation managérielle de l'entreprise... –, est sans aucun doute le film qui inscrit de la façon la plus significative cette évolution, en centrant son propos sur le destin individuel d'un personnage central.

Franck, étudiant en école de commerce, vient faire son stage de fin d'études dans l'usine où son père et sa sœur travaillent depuis toujours. Engagé dans le département des ressources humaines, il y est chargé de préparer, au travers d'audits et de questionnaires, l'application des 35 heures. Partisan et enthousiaste de cette réforme, il œuvre à un accord optimum, qui soit profitable à la fois au patronat et aux salariés... Jusqu'à ce qu'il découvre par hasard le plan de licenciements (incluant son père) en gestation et dont l'accord autour des 35 heures n'était que le paravent. Prenant conscience de la manipulation, il organise la riposte et la grève dans l'usine, contre l'approbation du père qui accepte son sort sans mot dire.

Si *Ressources humaines* est le récit d'un conflit, c'est celui « permanent entre ce que le jeune homme pense vouloir être, à la place et à la fonction qu'il occupe, et la façon dont on le perçoit (son père, le patron, ses copains ouvriers à l'usine, les syndicats) » – conflit qui est « la conscience de son drame, celui d'un sujet irréconcilié avec lui-même au regard de son origine »[1].

Le transfert de la scène du conflit de classes de la sphère sociale à la sphère familiale est le tournant marquant que le film consacre. Intériorisé, le conflit de classes se trouve par là même bouleversé. Le père, ouvrier dépourvu de toute conscience de classe, donnant raison au patron plutôt qu'au syndicat, est réfractaire à toute idée de solidarité et refuse de s'engager dans une quelconque lutte, fût-elle celle pour sauver son emploi. Il a, fait remarquable et totalement irreprésentable dans les années 1970, *honte d'être ouvrier*. Il vit par procuration et souhaite surtout fondamentalement « à son fils une autre vie que la sienne, sans jamais se plaindre auprès de lui de celle

1. Charles Tesson, « Un mélodrame de la filiation sociale », à propos de *Ressources humaines* de Laurent Cantet, *Cahiers du cinéma*, n° 542, janvier 2000, p. 45.

qu'il a menée »[1]. Le fils, quant à lui, peine à trouver sa place et à tenir son rang. Il témoigne, par fidélité à son milieu d'origine, d'une conscience de classe. Mais Franck est désormais du côté de la classe dirigeante et celle-ci lui pèse comme un fardeau : la conscience de classe porte chez Franck la marque de la culpabilité. C'est sans doute la raison pour laquelle il croit tant en la possibilité d'être un agent de liaison entre ces deux mondes dont il ne veut pas admettre l'antagonisme et qu'il pense pouvoir fédérer autour d'un accord sur les 35 heures, susceptible surtout de le réconcilier avec lui-même.

Au premier abord, on pourrait être tenté de comprendre le film comme l'expression d'un nouveau mode de dialogue social : le père en effet, dans sa résignation, pourrait symboliser l'ajournement d'une lutte des classes de type marxiste telle qu'elle s'est historiquement inscrite – et que semble incarner aussi dans la première partie du film la syndicaliste CGT, irritante pour Franck et pour le spectateur car bloquant par principe l'avancée des négociations et, par là même, celle du film... Quand Franck, lui, pourrait être vu comme l'incarnation d'une lutte aux tonalités nouvelles, réformiste, menée au travers de l'écoute et du dialogue.

À y regarder de plus près, on se rend compte toutefois que cette interprétation ne tient pas et que les deux figures, avatars de leur époque, sont au contraire à la fois similaires et complémentaires, victimes de la même fausse apparence : le père, dans sa lassitude et son déni, ne compte que sur son fils pour assurer, par procuration, le dépassement de sa propre condition. Le fils, quant à lui, pense que son itinéraire personnel constitue le paradigme d'une nouvelle lutte sociale, conçue comme médiation, conciliation, jonction, etc. Franck est en effet « un idéaliste qui pense naïvement que le rang élevé qu'il occupe dans l'entreprise va lui permettre de mieux servir les intérêts des autres (les ouvriers, son père), dont il veut le bien, avant de déchanter, découvrant qu'il est difficile de tenir son rang tout en trouvant sa vraie place, celle qu'on estime devoir à tous ceux (ses parents en premier lieu) qui y ont contribué »[2].

Leur erreur est au fond la même : ils pensent que la lutte peut désormais reposer sur un *homme* et non sur une *classe,* sur une *position* et non plus sur une *condition,* sur une *volonté et un effort* et non plus sur un *déterminisme social et historique* : la solidarité collective cède la place à l'individualisation et à l'intériorisation de la lutte.

1. *Ibid.*
2. *Ibid.*

Pour comprendre la transformation essentielle que *Ressources humaines* consigne, il convient de faire le détour par une question apparemment anodine : pourquoi le film est-il une fiction, alors que tout en lui tend vers le documentaire ? Filmé dans une usine en activité, écrit et tourné avec des amateurs (chômeurs, cadres, syndicalistes) – seul Jalil Lespert (Franck) est un comédien professionnel –, le film s'inscrit pourtant dans la fiction, *comme fiction.* Car, de fait, la résolution du conflit de classes n'est plus dans le *réel* mais dans le *récit,* dans l'intimité d'une conscience de classe tiraillée, et non plus dans un affrontement patron/ouvriers. Franck, initialement du côté du patron, se range auprès des ouvriers, après avoir démasqué la manœuvre de celui-ci, et se fait le leader de la contestation et de la grève, non pour défendre son propre intérêt, mais celui de son père. Mais son combat, gage de sa *fidélité,* est perçu inévitablement par son père comme une *trahison* : le fils, par cette bataille qui ne devrait plus être la sienne, anéantit toutes les attentions et tous les espoirs centrés sur lui depuis tant d'années, au mépris des sacrifices auxquels ses parents ont consenti pour qu'il puisse accéder à ce nouveau rang.

Si *Ressources humaines* est un drame, c'est parce qu'avant tout il est une tragédie. Les deux héros sont finalement victimes de l'*hubris* de leur condition : le père parce qu'il pensait dépasser sa condition (combler l'antagonisme) par la filiation, dans le mépris de toute conscience de classe et des solidarités élémentaires ; le fils, parce qu'il pense pouvoir appartenir aux deux camps dont il ne peut, subjectivement, que refuser l'antagonisme.

Leur tâche, contrevenant aux forces capitalistes les plus élémentaires du destin, ne peut non seulement aboutir, mais pas même d'une certaine manière avoir lieu. Le père, tout comme le fils, se trompe de combat et, du même coup, d'adversaire : embourbés dans les contradictions de leur conscience dévoyée, ils deviennent ennemis de classe. Le fils, dont la conscience de classe mal placée détruit la carrière, se retrouve ainsi à *tuer le père* dont la condition ne sera jamais dépassée. Le père, dont la honte d'être ouvrier colle à la peau du fils et tiraille sa conscience entre culpabilité et fierté, devient le coupable qu'il faut sacrifier, celui qu'il faut tuer pour que la conscience se réconcilie avec elle-même. Tout comme dans la tragédie grecque, le rite du sacrifice vient suppléer l'impossible résistance pour tenter de conjurer le destin.

Et si le drame se dénoue – faussement forcément – dans le meurtre symbolique du père – magnifique scène finale –, c'est parce que nous avions quitté, depuis longtemps déjà, le réel et ses luttes, pour pénétrer dans l'intimité d'une conscience incapable d'assumer le rôle dont elle a été investie.

SUSPENSION

Ressources humaines force l'admiration par sa justesse de ton ; il étonne aussi par son mouvement dialectique, enlisé, embourbé, révélant dans toute sa violence la fin de la lutte (mais non de l'antagonisme) des classes.

Si le cinéma documentaire militant filmait des luttes dont le prolétariat, loin s'en faut, ne sortait pas toujours vainqueur, il reste que celles-ci trouvaient toujours une issue, l'échec se soldant *a minima* par l'espoir d'un succès prochain. À cela, le cinéma des années 2000 oppose la figure de la suspension : point critique extrême dans lequel le conflit ne peut plus se résoudre, ni même avancer ou progresser, fût-ce vers une défaite, et n'a pour seules issues que le sacrifice et le meurtre.

Un retour aux années 1970, et plus spécifiquement à la trilogie de Marin Karmitz, permet de repérer le moment dont *Ressources humaines* signe la suspension et, par là même, la faillite.

Le premier film, *7 jours ailleurs* (1969), résolument du côté de la fiction, retrace une émancipation individuelle. Le héros, un jeune musicien, prend conscience de l'ennui de son existence et décide de quitter sa femme et de changer de vie. Le second, *Camarades* (1970), entre documentaire et fiction – il est co-écrit et interprété par Yann Gicquel, leader de la grève aux usines Citroën de Nanterre en 1968 –, retrace lui aussi une émancipation, mais cette fois de l'individuel vers le collectif. Le héros, Yann, vit à Saint-Nazaire et mène une jeunesse oisive, refusant de rejoindre les chantiers navals. Il part pour Paris, où il finit par travailler aux usines Citroën de Nanterre et par s'engager dans le mouvement ouvrier. Dans le troisième, *Coup pour coup* (1972), il s'agit une fois encore du récit d'une émancipation mais celle-ci est collective. Co-écrit par des ouvrières de l'industrie textile du nord et de l'ouest de la France, tourné dans une usine de confection à Elbeuf, le film imagine une grève sauvage des ouvrières en protestation contre les brimades et cadences de travail, grève qui déborde bientôt les syndicats. Dans ce dernier volet, la fonction respective du documentaire et de la fiction se redistribue. Dans *Camarades,* le récit structuré par le parcours et l'évolution du héros occupe encore une place centrale ; ce en quoi, quoique documenté, le film relève de la fiction. Dans *Coup pour coup,* l'aspect documentaire du film, bien plus présent que dans les précédents, tient dans la manière dont le film a été conçu et dont il décrit la réalité des conditions de travail à l'usine et de la vie ouvrière. La fiction, elle, n'est plus au service du récit et du parcours du héros, mais relève plutôt ici de la projection, de l'utopie, d'un possible rendu réel par la puissance d'incarnation du cinéma. Ainsi, dans ce film, fiction et émancipation coïncident : la fiction permet de dépasser le réel de la condition présente, de transcender les conditions d'existence et d'inventer par la lutte un avenir. Raison pour laquelle le film culmine dans l'occupation de l'usine, moment libérateur où se recomposent les relations sociales et familiales (réduites à la hiérarchie entre hommes et femmes) et où la vie se réinvente.

Comme beaucoup de films de cette époque, *Coup pour coup* exalte, grâce au cinéma, l'occupation de l'usine, climax du récit, moment de concentration collective, faisant figure d'éducation politique, dans lequel l'ouvrier – et ici, en l'espèce, les ouvrières saisies comme collectif – « accélère sa propre décolonisation, retrouve la conscience de son propre travail, reconquiert sa propre humanité »[1].

La fiction, dans *Coup pour coup,* est au service de l'Histoire et non pas de l'histoire (récit), elle en rejoint le cours – elle est *dans le réel* – et vient lui prêter main forte pour en accélérer le processus[2]. Dans *Ressources humaines,* elle n'est là que pour suppléer un mouvement historique défaillant, avaliser la perte du collectif et la fin de la conscience de classe, et témoigner précisément de l'impossibilité d'être dans le réel de la lutte en se perdant dans les méandres d'une subjectivité soudain bien seule face à son destin.

1. Voix *off* extraite du film *L'heure des brasiers* de Fernando Solanas, dont un extrait est inséré dans *Camarades.*

2. Dans bon nombre d'expériences similaires à la même époque (chez les groupes Medvedkine notamment), il s'agit en effet, en filmant les ouvriers au travail et en leur montrant ensuite les images, d'accélérer la conscientisation, de dépasser au moyen du cinéma les contradictions de la conscience de classe, d'être un agent actif de son émancipation. (Voir aussi, ici même, n. 2, p. 33.)

Si la conscience solitaire de *7 jours ailleurs* et de *Camarades* est une conscience ignorante – ignorance à l'origine même de sa solitude –, celle de *Ressources humaines* apparaît, elle, déchue, vouée à une solitude éternelle. Le tiraillement de Franck, lié à son ascension sociale, peut en effet être vu aussi comme l'aboutissement inéluctable d'un monde qui tend à gommer, pour ne pas dire nier, l'antagonisme social et déplacer celui-ci sur le terrain relationnel ou psychologique. Et c'est à cet aune qu'il faut interpréter la substitution de la figure du cadre à celle de l'ouvrier. Le film de Laurent Cantet, de ce point de vue, semble anticiper ce que confirment aujourd'hui les études sociologiques – à savoir, le nouveau mensonge autour du statut de cadre (dont le département de ressources humaines reste, bien sûr, emblématique), nouvelle masse aliénée et sous pression, contremaître à l'ère de la tertiarisation de l'économie, interface entre la classe dirigeante – la vraie, celle qui détient les finances – et la masse salariale, et chargée tout à la fois de masquer l'antagonisme et de le réinscrire quand nécessaire. Certes, il y a de la naïveté chez Franck, mais cette naïveté est le pendant du mensonge du *nouvel esprit du capitalisme* : celui qui refuse l'idée même d'antagonisme et tend ainsi à limer les intérêts de classes. « Franck, explique le réalisateur, incarne parfaitement l'utopie/mensonge d'un libéralisme à visage humain. Il croit sincèrement qu'on peut penser l'entreprise autrement qu'en termes d'exploitation. »[1] Sa conscience est au fond pénétrée des valeurs de l'individualisme bourgeois, valeurs-écran dont on sait qu'elles sont celles que la bourgeoisie diffuse mais en aucun cas celles sur lesquelles elle s'appuie[2], et dont la fonction est d'exercer une pression idéologique sur les salariés. Le conflit, nié dans la réalité sociale, se polarise ainsi chez l'individu chargé de l'arbitrer ou de le réguler.

Si la place de Frank est intenable eu égard à son origine sociale, on peut considérer qu'elle l'est tout autant *objectivement,* au vu de sa place dans l'entreprise.

1. Laurent Cantet, entretien disponible sur http://archives.arte-tv.com/cinema/belfort99/ftext/cantet.htm (page consultée le 4 mars 2008).

2. Ainsi que le démontrent les travaux des sociologues Michel Pinçon et Monique Pinçon-Charlot, si la bourgeoisie distille un « individualisme théorique », son *ethos* repose, quant à lui, sur un « collectivisme pratique » à l'opposé de l'idéologie mise publiquement en avant. Cf. notamment *Sociologie de la bourgeoisie,* Paris, La Découverte, 2007.

Car Franck, engagé au sein des *ressources humaines,* est un cadre d'un nouveau genre, ni du côté des ouvriers, ni pleinement non plus du côté des patrons – ce dont témoigne la scène de la réunion avec les actionnaires de laquelle il est exclu. Du cadre de direction, Franck n'a que les atours : il en partage la responsabilité mais non le pouvoir. Raison pour laquelle il assiste aux licenciements *impuissant* mais *coupable* dans une solitude et une détresse qui sont celles d'une position intenable.

Violence des échanges en milieu tempéré (Jean-Marc Moutout, 2004), localisé au cœur d'un cabinet de consultants de La Défense, évoque, plus que le film de Cantet situé dans une PME à l'activité industrielle, cette nouvelle gestion du « dialogue » social.

Les deux ont en commun de mettre en scène un héros en conflit intérieur. Philippe, tout juste sorti lui aussi de son école de commerce, est employé dans un grand cabinet de consultants. Sa première mission consiste à préparer le rachat d'une entreprise par un grand groupe. Si l'audit auprès des salariés semble initialement avoir pour seule fonction de réorganiser la chaîne de production, celui-ci servira en fait de base de sélection des salariés à licencier dans le cadre du plan de restructuration ; tâche que dans un premier temps, secondé par sa petite amie, il ne peut se résoudre à accomplir et à laquelle finalement il consent.

Philippe finit donc par accepter la position qui est la sienne, non sans avoir lui aussi pratiqué une mise à mort : le sacrifice de sa petite amie, de milieu modeste, qui incarne et défend la seule éthique qui conviendrait à la situation. En la quittant, c'est évidemment de sa mauvaise conscience dont il se débarrasse. Mais le film est plus pessimiste que celui de Cantet, plus solitaire encore, aux tonalités « houellebecquiennes », en ce qu'il soutient à peine la lutte. Le héros ne résiste en effet pas longtemps – seule une scène montre véritablement son cas de conscience – et son déchirement intérieur témoigne plus de sa difficulté – passagère – à accepter la loi du milieu, que de son désir de rébellion. Son indignation, moins qu'une révolte devant l'injustice, s'apparente plutôt au rite initiatique, rite de passage et d'intégration.

Ainsi, si l'on quitte Franck, abattu et dérouté, on laisse en revanche Philippe parfaitement intégré dans une nouvelle vie, sur une plage en compagnie de sa nouvelle petite amie. Philippe serait-il le négatif de Franck ? L'autre face du conflit, présenté cette fois du côté de la conscience conquérante et victorieuse et non plus malheureuse ?

Pour s'en convaincre, voici la manière dont un journal de management résume le film : « Le film suit le parcours initiatique d'un jeune diplômé, âgé de 25 ans, qui quitte sa province pour monter à Paris. Avide de réussite, Philippe intègre un grand cabinet de consultants, baptisé McGregor. Le premier jour, à La Défense, il rencontre Éva, jeune mère célibataire dont il s'éprend. Philippe se voit alors confier une première mission : préparer le rachat, encore confidentiel, d'une usine par un grand groupe. Il gagne la confiance de son manager qui lui confie une nouvelle responsabilité : sélectionner le personnel apte à travailler dans la nouvelle organisation de l'entreprise. Philippe doit alors se convaincre, et convaincre Éva, du bien-fondé de sa tâche et faire face aux futurs licenciés. »[1]

Outre l'euphémisation (« sélectionner le personnel apte » pour licencier ceux déclarés inaptes, « gagner la confiance de son manager » pour exprimer la manipulation dont il fait l'objet), il est intéressant de remarquer à quel point l'accent est mis sur l'individualisation et l'intériorisation d'une loi économique (essentiellement financière), qui ne semble exister *que dans la conscience,* n'avoir d'autre réalité palpable que celle subjectivement vécue par une conscience encore jeune et immature mais qui saura finalement « se convaincre du bien-fondé de sa tâche ». Corollaire de cette promotion soudaine (et suspecte) de l'individu, la phase suivante du plan, qui consiste à licencier après l'audit, s'exprime en termes de « nouvelle responsabilité » ; traduction qui tend évidemment à dissimuler la loi d'airain du capital qui s'exerce derrière un tel plan et à dévier l'imputation sur la personne qui s'en fait l'agent, dont on ne sait plus trop si elle est coupable ou victime.

ÉPILOGUE

Brecht, à propos de la lutte et de sa représentation, affirmait : « L'individu doit se désister de sa fonction en faveur des grands collectifs. (...) Le point de vue individuel ne permet plus de comprendre les processus décisifs de notre temps, les individus ne peuvent influer sur ceux-ci. »[2] Si c'est autour d'une telle maxime que s'est construit le cinéma des années 1970

1. http://www.journaldunet.com/management/0402/040227_violence.shtml.

2. Bertold Brecht, « La dramaturgie non aristotélicienne », *Écrits sur le théâtre,* Paris, Gallimard, « La Pléiade », 1972, p. 264.

en mettant en avant la lutte collective et solidaire et en déjouant l'idéologie dont est victime la conscience de classe, le cinéma des années 2000 nous montre, quant à lui, la nécessité de pénétrer cette conscience individuelle, siège certes de fausses apparences, mais surtout d'une nouvelle détresse, liée à l'incertitude de sa position, théâtre d'un déchirement qui ne semble se résoudre que par l'acceptation résignée d'une place à prendre.

Expérience du travail, expérience de l'aliénation

Stéphane Haber

En parlant d'« aliénation » *(Entfremdung, Entäusserung*[1]*),* Marx, dans les *Manuscrits de 1844,* s'engageait sur la voie d'une interprétation plutôt emphatique, conceptuellement parlant, de la misère ouvrière liée aux premières phases du système productif issu de la révolution industrielle. En effet, selon lui, cette misère ne se traduirait pas seulement par la non-satisfaction, moralement choquante, des besoins élémentaires chez les membres d'une classe qui assure pourtant la richesse croissante des sociétés modernes ; de même, elle n'impliquerait pas seulement, du fait de la soumission des ouvriers aux impératifs d'une production orientée vers le profit et organisée en pouvoirs de contrainte, une privation de liberté massive. En plus de ces deux manifestations bien réelles d'une même injustice essentielle, elle conduirait à l'extension d'une forme de vie humaine contradictoire avec certains aspects de la nature humaine elle-même. Marx part en effet d'une puissance d'expression, d'autoréalisation et d'épanouissement de soi-même – c'est là, d'après lui, la nature humaine elle-même – dont l'actualisation est conditionnée par l'existence de *rapports objectaux.* Je ne me réalise pas, ou je me réalise faussement, je ne

1. Pour une explication remarquable de la différence de ces deux termes, voir les analyses de F. Fischbach, in K. Marx, *Manuscrits économico-philosophiques de 1844,* Paris, Vrin, 2007, p. 19-22.

manifeste en tout cas pas le sens dynamique de mon appartenance à l'espèce humaine, lorsque je ne puis m' « ouvrir » à certaines entités – autrement dit, les reconnaître, me lier à elles, les investir et les laisser en même temps enrichir à leur contact ce que je suis, de telle sorte que mes possibilités d'être et de faire se trouvent multipliées, densifiées, grâce à ce qu'elles contiennent et m'apportent.

En 1844, Marx ne doute guère que ce genre de considérations puisse constituer le fil conducteur d'une appréhension théorique correcte et complète de la condition ouvrière telle qu'Engels tentait à la même époque de la décrire dans *La situation des classes laborieuses en Angleterre* avec une hauteur de vue remarquable. Ainsi, par exemple, la fatigue constante induite par le travail industriel m'empêcherait de cultiver les virtualités de ma personne ; de même, la généralisation du rapport instrumental à autrui interdirait la constitution d'une société formée par l'échange réciproque et la complémentarité des apports de chacun, pendant que la relation au monde extérieur-objectif, et en particulier à la nature, étroite car elle aussi empreinte d'instrumentalisme, ne permettrait pas que celui-ci apparaisse dans son être propre et, du coup, amoindrirait ma puissance d'agir subjective.

C'est ce syndrome complexe que les *Manuscrits* nomment l'aliénation. En effet, même si Marx reste parfois ambigu sur cette question – au point, malheureusement, de sembler à certains moments vouloir axer sa réflexion sur la perte du produit du travail dans le processus productif –, ce dont l'ouvrier est « dépossédé », ce n'est pas d'abord d'une chose ou d'un bien, ni même d'une liberté concrète particulière (comme celle de pouvoir intervenir avec son intelligence et sa volonté propre dans le processus productif). C'est, « en dernière instance », d'une certaine puissance d'agir très générale caractéristique de l'être humain : à savoir, la capacité de « se réaliser », d'être soi-même relationnellement, *dans la fréquentation de mondes* à l'égard desquels, normalement, l'on adopte une attitude permettant qu'ils se dévoilent en leur être à un sujet qui s'en trouve tonifié. La « vie », le dynamisme vital, Marx les saisit alors en suscitant dans l'esprit du lecteur l'image d'une spirale qui irait toujours s'élargissant, une spirale par laquelle *la compréhension (théorico-pratique) de l'étant donné devant soi* et *la richesse propre du soi humain* se développeraient ensemble, mutuellement. « Aliéné » apparaît alors par contraste celui qui est transformé et diminué au sens où *il n'est plus impliqué* dans cette spirale. Y a-t-il un sens à maintenir ce lien étroit entre aliénation et travail qui semblait si naturel à Marx ? Autrement dit, est-il raisonnable de continuer à penser le travail en privilégiant la catégorie d'aliénation et, en même temps, à concevoir primordialement l'aliénation en fonction de l'expérience du travail ?

CRISE DES DISPOSITIFS ANTI-ALIÉNATION CLASSIQUES

Pour esquisser une réponse à cette question, nous partirons de deux observations très simples. 1 / Un simple coup d'œil en dehors des frontières de l'Occident permet de constater que la « misère ouvrière » n'est pas qu'un phénomène révolu ou résiduel que la réflexion philosophique pourrait cesser de considérer comme pertinent pour appréhender la signification du travail en général. 2 / À l'intérieur de ces mêmes frontières, les conditions de travail problématiques que connaît une partie de la population active, conditions particulièrement sensibles en raison du contraste qu'elles offrent par rapport aux avancées relatives propres aux décennies de l'après-guerre, sont telles qu'elles répondent elles aussi aux critères que Marx avait implicitement fixés pour que l'on puisse parler d' « aliénation »[1].

Dans ce second cas, la résurgence visible de certains traits caractéristiques de la « misère ouvrière » d'autrefois – en l'occurrence, de malaises et de mal-être divers, de maladies provoquées par les conditions de travail ou liées assez directement au monde du travail – offre un point de départ évident. Cependant, Georges Friedmann notait déjà que la catégorie massive d'aliénation ne devait pas nous inciter à une condamnation morale, indifférenciée, du travail salarié ou du travail industriel[2] ; aujourd'hui, pour ce qui concerne la situation occidentale, elle ne doit pas nous décourager d'entrer dans le détail pour observer, par exemple, ce qu'il y a

1. Pour une forte justification de cette thèse, voir E. Renault : « Du fordisme au post-fordisme : dépassement ou retour de l'aliénation », in *Actuel Marx,* n° 39, 2006, p. 89-106.

2. *Le travail en miettes,* Paris, Gallimard, 1964. Il faut noter d'ailleurs que, en 1844, Marx ne disait pas grand-chose du *contenu* du travail lui-même et n'introduisait que de façon très allusive les considérations qui nous sont devenues familières grâce à la critique du taylorisme (monotonie des gestes, parcellisation excessive, distinction tranchée de l'exécution et de la conception...). Son discours portait sur la signification générale du travail et il orchestrait un concept d'aliénation indifférencié, censé *tout dire d'un coup* sur le travail industriel et la condition ouvrière. L'apport de la critique du taylorisme, chez Friedmann en particulier, aura été de nous contraindre à *réenraciner,* pour préciser Marx, la notion d'aliénation dans une phénoménologie du corps et de l'intelligence à l'œuvre, ainsi que dans une analyse des distorsions concrètes qu'exerce sur eux le travail à la chaîne.

de nouveau, par rapport à ce que Marx avait pu analyser, au sein de la sphère de l'aliénation ouvrière, dans le travail à la chaîne et dans le taylorisme. À plus forte raison, une époque marquée par le chômage de masse, la précarité chez les salariés eux-mêmes (les « travailleurs pauvres »), les techniques sophistiquées de *management,* les nouveaux rapports de force dans les entreprises, l'expansion des emplois de service à la personne et du travail immatériel, l'individualisation plus ou moins contrainte du parcours professionnel, etc., ne saurait être correctement appréhendée sans que soient transformés des instruments intellectuels forgés pour l'époque des machines à vapeur et des premières grandes manufactures au sud au l'Angleterre. C'est selon des modalités distinctes que les conditions de travail doivent susciter chez les intéressés l'impression d'être « étrangers » au travail qu'ils accomplissent, le sentiment que ces conditions, en plus d'être injustes, les blessent et les abaissent.

Plus précisément, il y a toutes les raisons de penser que, si certains traits de l'exploitation brutale que Marx tentait d'interpréter philosophiquement en 1844 se retrouvent et s'amplifient dans le monde contemporain, dans les pays occidentaux comme ailleurs[1], il existe aussi désormais des formes plus complexes de cette même aliénation[2]. Notre thèse sera que ces dernières sont solidaires d'une déconstruction des dispositifs qui, historiquement, se sont inscrits dans une dynamique de *limitation* ou de *compensation* des modalités les plus primitives, les plus sauvages, de l'aliénation ouvrière, à la manière du XIXe siècle. Aussi, ce qui rend l'aliénation contemporaine au travail si complexe, si difficile à appréhender (en particulier du point de vue des idées assez mal dégrossies de 1844), c'est qu'elle s'en prend, dans ses aspects les plus neufs, aux résultats, juridiquement et

1. Sur les nouvelles atteintes à la santé physique des salariés dans la France contemporaine, voir F. Thébaud-Mény, *Travailler peut nuire gravement à votre santé,* Paris, La Découverte, 2007. Rappelons que, des *Manuscrits* au *Capital,* Marx, en matérialiste conséquent, a toujours considéré l'épuisement des corps et la probabilité qu'ils tombent malades comme les premiers critères objectifs de l'aliénation au travail.

2. Naturellement, le catastrophisme typiquement philosophique doit être évité en ces matières complexes. Ainsi, même si des chiffres de ce genre ne parlent guère d'eux-mêmes, les enquêtes d'opinion tendent à montrer qu'une large majorité d'Européens (près des deux tiers) apprécient leur emploi et s'y sentent bien. Voir M. Lallement, *Le travail. Une sociologie contemporaine,* Paris, Gallimard, « Folio », 2007, p. 545, ainsi que C. Beaudelot et M. Gollac (dir.), *Travailler pour être heureux ?,* Paris, Fayard, 2002. Cependant, comme y insiste le second de ces ouvrages, cette donnée n'exclut pas l'hypothèse d'une persistance, d'un renouvellement qualitatif et d'une extension quantitative des phénomènes d'exploitation et d'aliénation au travail dans la période contemporaine.

institutionnellement sanctionnés, psychologiquement sédimentés, des processus d'apprentissage collectifs par lesquels nos sociétés, bon an mal an, avaient tenté consciemment et tentent encore d'*atténuer*, de *compenser* ou même parfois de *dépasser* ces modalités. Dans la plupart des cas (pour ce qui concerne les pays occidentaux), nous n'y revenons pas purement et simplement. En revanche, nous déformons et nous fragilisons toutes les expériences collectives, tous les acquis précieux, engrangés et présupposés avec le temps, qu'avaient rendus possibles les anciennes luttes, en partie victorieuses, qui s'étaient explicitement dirigées contre l'aliénation au travail. La rationalisation de l'aliénation que l'on constate par ailleurs forme le corrélat direct de cette transformation et elle n'aurait pas pu prendre une telle ampleur sans ces destructions préalables.

DEUX ILLUSTRATIONS

Partons, pour étayer cette hypothèse spéculative, de l'hypothèse de Serge Paugam selon laquelle l'intérimaire constituerait par excellence l'homme aliéné (ou la femme aliénée) de notre époque[1]. Car Paugam conduit sur cette base une phénoménologie de l'intérimaire malheureux (ils ne le sont pas tous) qui suit le fil conducteur des thèmes du jeune Marx : le processus de travail devient étranger au travailleur intermittent, qui subit tout à la fois l'appauvrissement de ses relations professionnelles et l'absence de reconnaissance. La « flexibilité » dont le travail en intérim constitue une manifestation notable est, pour certaines catégories de la population, « aliénante » non pas seulement au sens où elle génère des précarités matérielles et morales de plusieurs sortes ; factuellement, elle ne permet plus au salarié de bénéficier des droits ni de participer aux habitudes collectives qui, dans le monde keynésien-fordiste, ont normalement fait du lieu du travail autre chose que le simple théâtre de la dépense de force de travail – qui en ont fait, dans les meilleurs des cas, un milieu psychologiquement dense, sociologiquement riche et relativement sécurisant, incarnant des rapports de force entre classes relativement équilibrés.

1. S. Paugam, *Le salarié de la précarité*, Paris, PUF, 2000, p. 27 et s. Dans ses études antérieures sur la pauvreté, Paugam s'inscrivait dans la tradition durkheimienne dans laquelle le concept critique essentiel est celui d' « anomie » plutôt que celui d' « aliénation ». C'est la confrontation à l'univers du travail qui le conduisit à recourir au terme marxien.

Ces réflexions, qui portent indirectement sur la réinvention néolibérale de l'aliénation, peuvent être prolongées grâce à l'un des thèmes les plus connus de la psychodynamique du travail. Dans nos sociétés, sauf cas extrêmes, expliquent les tenants de cette discipline, les conditions de travail difficiles ne sont pas en elles-mêmes psychopathogènes ; mais, comme le montre l'expérience contemporaine, elles risquent bien de le devenir lorsque s'essoufflent les « défenses » collectives, précisément constituées au cours du temps *contre* la souffrance individuelle et *contre* la domination sociale (la possibilité de luttes, la vie syndicale et politique, l'invention des écarts entre tâches prescrites et tâches effectuées, la sociabilité ouvrière, certains loisirs...)[1]. C'est alors la capacité à « élaborer » au sens de la psychanalyse, c'est-à-dire à domestiquer dans le sens des intérêts du sujet, la contrainte du travail, possibilité centrale pour le maintien de l'équilibre psychique, qui s'efface pour l'individu, ouvrant la voie aux désordres mentaux[2]. Dans l'esprit de constats de ce genre, un des grands apports de la psychodynamique du travail consiste à montrer comment l'aliénation au travail, au sens d'une affection de la subjectivité qui la limite et la distord en son pouvoir relationnel, se solidarise spontanément avec l'« aliénation » au sens psychiatrique du terme, celui qui exprime une déformation morbide des rapports cognitifs et pratiques que l'individu entretient avec son environnement. On y voit par exemple comment le « sadisme », entendu comme un resserrement pathologique des rapports à autrui autour de motifs agressifs-destructifs, trouve dans les rapports hiérarchiques humiliants, propices au harcèlement moral, qui se développent dans certaines entreprises contemporaines, un espace d'émergence et d'articulation privilégié[3].

1. Dans ses interventions orales récentes, C. Dejours insiste sur le fait que certaines modes contemporaines dans le monde du travail peuvent être interprétées de cette manière. Le *coaching*, par exemple, apparaît comme une sorte de méthode pour recréer par une voie purement individualiste un équivalent de cette confiance en soi, c'est-à-dire de cette confiance dans la capacité de la subjectivité à se produire malgré ou même contre l'aliénation, que conférait autrefois (dans les cas favorables) la solidarité de l'équipe de travail.

2. C. Dejours, *Souffrance en France*, Paris, Le Seuil, 1999 ; P. Molinier, *Les enjeux psychiques du travail*, Paris, Payot, 2006. Et, pour une belle reprise synthétique et critique, E. Renault, *Souffrances sociales*, Paris, La Découverte, 2008, p. 338 et s.

3. Voir C. Dejours, *op. cit.*

C'est sur l'arrière-plan formé par l'accroissement de ces aliénations « secondaires » (celles qui dérivent de la déconstruction des dispositifs historiques de pare-aliénation à l'abri desquels nous avons pu nous développer) que se constituent ces formes « rationalisées », plus pleinement positives, créatives, de l'aliénation au travail dont tout porte à croire qu'elles gagnent actuellement du terrain. En effet, celle-ci peut difficilement être réduite à cette captation de la force de travail physique immédiate au moyen de la coercition sociale la plus brutale que Marx et Engels décrivaient. L' « expropriation primitive » et la « soumission réelle » du travailleur se sont historiquement éloignées pour les pays situés au centre du système-monde. Il s'agit plutôt, pour le capital, de fonctionnaliser économiquement les ressources nouvelles offertes par l'existence d'une population éduquée, créative et soucieuse d'autonomie individuelle. Or celle-ci a pu s'épanouir dans cette direction, non pas seulement grâce à la force magique des progrès technologiques et des gains de productivité (même si ceux-ci ont manifestement joué un rôle considérable), mais aussi parce que les générations antérieures ont *pris conscience* et *voulu* politiquement et culturellement sortir de l'expérience de l'aliénation au travail. On peut aussi parler d'une « rationalisation de l'aliénation » pour évoquer certains dispositifs spécifiques (des tests d'embauche aux techniques productives du « flux tendu »[1] en passant par les durées d'activité plus longues, plus diffuses, induites par les nouvelles technologies de l'information et de la communication) par lesquels se médiatise historiquement la possibilité, pour une fraction de la classe dominante, de s'arroger la survaleur. On peut également penser aux impératifs de mobilisation constante et intensive de la subjectivité, porteurs d'effets de sursollicitation psychologique à l'égard de soi-même[2]. Tous ces dispositifs, typiques de formes rationalisées de l'aliénation, n'ont pu se constituer et se diffuser que sur la base du recul des formes d'action et d'interaction qui s'étaient développées sur le terrain formé par les résistances préalables dirigées contre les manifestations « classiques » de l'aliénation au travail. Ainsi, ce qui mérite

1. Voir J.-P. Durand, « Les outils contemporains de l'aliénation au travail », in *Actuel Marx*, nº 39, 2006, p. 107-122.

2. Voir C. Dejours, « Aliénation et clinique du travail », in *Actuel Marx*, nº 39, 2006, p. 213-143.

actuellement d'être appelé aliénation relève d'*expériences structurellement identiques* à celles que Marx envisageait en 1844 ou à celles qu'évoquaient Simone Weil ou Charlie Chaplin. En effet, il est toujours question des malaises et des malheurs que font naître la pression constante exercée sur l'individu au travail, devenu simple rouage d'une machinerie inhumaine qui l'utilise tout en nuisant à ses intérêts profonds et en faisant violence à ses besoins (physiques, moraux, sociaux...) ; il s'agit toujours de suggérer comment l'individu devient « étranger » *(fremd)* à la fois à ce qu'il fait et au milieu dans lequel il le fait lorsqu'il participe continûment à des pratiques hétéronomes qui le forcent contradictoirement à s'exprimer (avec ses aptitudes et ses talents) sans qu'il puisse s'y reconnaître. Mais, dialectiquement, ces phénomènes parasitent aujourd'hui une « force de travail » qui s'était en partie développée et épanouie *grâce* aux progrès réalisés contre l'aliénation, et même *dans* l'habitude normalisée, source de vulnérabilités paradoxales, d'une domestication relative de l'aliénation.

NOUVELLES FORMES DE L'ALIÉNATION OBJECTIVE

Moyennant les adjonctions que l'on vient de préciser, la notion d'aliénation au travail semble donc conserver sa pertinence. Cependant, la force (au moins rhétorique) des *Manuscrits de 1844* résidait, effet d'une amphibologie remarquable, surtout dans le fait que Marx faisait de l'aliénation non seulement un état vécu par une classe mais aussi un processus social, objectif, de transfert par lequel les résultats de la puissance productive des travailleurs se trouvaient accaparés par un système vampirique qui, en retour, se retournait contre eux. Une telle approche peut-elle être maintenue ?

La difficulté provient de ce que Marx comprenait ce que l'on peut appeler l'« aliénation systémique » ou encore l'« aliénation institutionnelle » à laquelle il vient d'être fait allusion comme un pur et simple *effet* de ce qu'exprime plus immédiatement l'aliénation vécue, la dépossession subjective du pouvoir d'agir. Le fait que je me perde en m'exprimant pratiquement se situerait au principe du fait qu'existent des formes radicalement irrationnelles de coordination de l'action. C'est que l'adhésion de Marx au théorème fondateur de l'économie politique classique selon lequel le « capital » (quasiment identifié à la « propriété privée » en 1844) n'est *rien d'autre* que du « travail condensé » favorisa l'utopie d'une réabsorption *totale* de l'organisation de l'action au sein du tissu de la pratique vivante, ce qui permettrait à cette organisation de rester *à la disposition immédiate* des agents. Elle conduisit à la conviction erronée, lourde de conséquences politiques néfastes, selon laquelle la suppression du capitalisme (c'est-à-dire de l'exploitation organisée du travail) entraîne automatiquement celle de la pesanteur des institutions et de l'opacité des systèmes dans lesquels les individus ne peuvent se reconnaître et qu'ils perçoivent comme des machineries aveugles, bien qu'elles fonctionnent grâce à l'énergie qu'ils leur procurent[1]. Elle conduisit également à ce que, en aval, les formes particulières, vécues, de l'aliénation au travail furent perçues comme l'expression translucide – unique et nécessaire – d'une aliénation générale par laquelle la vie des hommes se trouve gouvernée par des forces impersonnelles qui vivent à leurs dépens et les mettent de force au travail. Dans cette optique, le « système » apparut d'ailleurs comme dépourvu de tout secret : il s'identifiait purement et simplement au *capital lui-même,* sous son aspect dynamique ; autrement dit, il n'était, pensait Marx, *rien d'autre* que cette force qui, manifestement, contraint, organise et vampirise le travail ouvrier.

On voit à quel point peuvent paraître illusoires, de ce point de vue, les comparaisons avec notre temps. Car, pour rester à l'économie, lorsque, par exemple, nous parlons du « pouvoir anonyme de la finance » et déplorons l'emprise qu'il a acquis sur la vie des gens, via, par exemple, les délocalisations ou les spéculations qui lui sont liées, nous ne nous plaçons *plus,* contrairement aux apparences, dans cette optique fortement réductrice qui fut celle du jeune Marx. En effet, les systèmes, dans ce qu'ils procurent de positif comme dans ce qu'ils apportent de néfaste, sont autre chose que de la vie coagulée : par exemple, le monde de la finance fonctionne selon des lois spécifiques qui n'exercent d'effets sur l'univers du travail que moyennant des médiations compliquées. Mais tout cela n'empêche pas qu'il reste vrai aujourd'hui que, dans le monde du travail, les conditions concrètes de l'expérience des gens – leurs conditions de travail, le montant de leurs salaires et, tout d'abord, le fait qu'ils soient au chômage ou non – continuent de dépendre de facteurs qui sont lointainement rattachés à des phénomènes relevant de l'emprise d'organisations systémiques intransparentes commandées par un impératif aveugle de croissance. En ce sens, les conditions d'application les plus riches, les plus exigeantes, de la catégorie

1. Voir J. Bidet, *Théorie générale,* Paris, PUF, 1999, p. 96 et s.

d'aliénation restent réunies, et elles le sont même plus que jamais. Ce sont simplement les médiations par lesquelles il faut passer pour les appliquer qui se sont considérablement multipliées et complexifiées.

PRIMAT DE L'EXPÉRIENCE DU TRAVAIL

Marx avait tacitement fixé quelques règles du jeu très simples pour l'usage de la catégorie d'« aliénation ». D'après lui, elle devait correspondre à une privation vécue de liberté, à une expérience profonde de diminution de soi, de limitation et de souffrance qui, dans une perspective sociologique, devait être rendue possible par l'existence de grandes forces anonymes, incontrôlables, automatiques, écrasantes. On pourrait objecter que personne n'est obligé de jouer à ce jeu-là, ne serait-ce que parce que beaucoup d'eau a coulé sous les ponts, du point de vue de l'histoire des idées et de l'histoire tout court, depuis 1844. Qui ne voit en particulier que le travail appelle des conceptualisations plus respectueuses des ambivalences et des complications de la réalité sociale que le furent celles, encore trop philosophiques et indifférenciées, du jeune Marx ? Qui ne voit également que, d'un point de vue sociologique, il faut aussi penser l'aliénation autrement qu'à partir de la condition ouvrière, d'une manière plus large, qui puisse vraiment intégrer la diversité des sources et des formes de la dépossession du pouvoir d'agir ? Reste pourtant un fait incontournable : quelle que soit la richesse des situations qu'elle a été et est encore amenée à éclairer – nous savons depuis au moins Simmel que c'est la vie des exclus, des minoritaires et des stigmatisés qui s'avère décisive dans cette perspective – c'est l'expérience du travail qui, aujourd'hui, constitue la première sphère dans laquelle s'impose le thème de l'aliénation. En effet, le travail dessine, objectivement, rationnellement, la première zone de pertinence de la problématique de l'aliénation ; mais surtout, subjectivement, c'est d'abord *au travail* que l'on peut apprendre de manière directe ce que veut dire l'aliénation, en quoi cette notion est un outil nécessaire. Plus précisément, c'est là que l'on apprend, pour comprendre ce que l'on vit, à essayer éventuellement d'y résister, de la surmonter pratiquement ; c'est là au moins que l'on se trouve forcé à rattacher, sous la pression des faits eux-mêmes, les unes aux autres les différentes facettes, vécues et systémiques, de cette notion, facettes qui, en général, ne peuvent manquer d'échapper à la conscience engagée des acteurs.

Le prolétariat hors la lutte ?

Pierre Zaoui

> « Les traditions de toutes les générations mortes pèsent comme un cauchemar sur le cerveau des vivants. »
>
> Karl Marx, *Le 18 Brumaire de Louis Bonaparte*, trad. M. Rubel, coll. « La Pléiade ».

Peu de concepts prétendument scientifiques – socio-économiques ou historiques – laissent transparaître avec autant de clarté que celui marxiste de « prolétariat » la décision métaphysique, et plus précisément à la fois herméneutique et politique, qui a présidé à sa mise au jour. Pour Marx et Engels, il n'y a pas en effet de prolétariat en dehors de la lutte des classes qui le structure et, le structurant, lui donne sens et consistance : c'est là sa décision herméneutique proprement constituante, celle d'interpréter tout conflit social comme un conflit entre des sujets qui ne sont plus des personnes particulières, mais des classes, c'est-à-dire des personnifications collectives de catégories économiques. De plus, la définition du prolétariat comme sujet universel (c'est-à-dire radicalement atopique, n'étant localisable ni géographiquement ni historiquement, puisqu'il porte la vérité de toutes les luttes de classes depuis l'origine des sociétés divisées) est elle-même l'enjeu d'une lutte. C'est là sa dimension intrinsèquement politique – la « classe en soi » du prolétariat est appelée à se redéfinir suivant chaque moment de son développement en tant que « classe pour soi », tantôt incluant toutes les classes de la société (des mendiants à la classe moyenne) sauf une (la bourgeoisie capitaliste), tantôt au contraire s'épurant jusqu'à se réduire à l'avant-garde du parti (pour se préserver de toute réconciliation purement idéologique). Marx et Engels résument ce point d'une formule infiniment commentée : « Le prolétariat passe par différentes phases de développement. Sa lutte contre la bourgeoisie commence avec son existence même. »[1] Autrement dit, la vérité du prolétariat, ce n'est pas la science abstraite et désintéressée, c'est la lutte des classes.

Dès lors, un tel concept ne peut valoir comme concept purement économique, sociologique ou historique, c'est-à-dire comme concept essentiellement descriptif. Il ne le peut d'un point de vue critique parce que c'est un concept trop indéterminé, ses mailles sont à la fois trop larges pour comprendre la spécificité concrète des champs économiques et sociaux, et trop étroites pour intégrer sérieusement les déterminants extra-économiques (culturel, religieux, national, sexuel) propres à chaque conflit particulier. Et il ne le peut d'un point de vue apologétique puisqu'il est, par décision inaugurale, refus de tout économisme, de tout sociologisme, de tout historicisme : la théorie du prolétariat doit être sa pratique révolutionnaire ou n'être rien.

Le problème alors est qu'une telle lutte révolutionnaire a connu, de fait, un quadruple échec.

Du point de vue de ses prédictions socio-économiques d'abord : la prévision de « couches moyennes » vouées tendanciellement à « sombrer dans le prolétariat » ne s'est pas réalisée. Pis même, s'il faut raisonner en termes marxistes, donc en termes de lois tendancielles et non mécaniques, force est de reconnaître, malgré les crises et les fascismes, et ce pour tous les pays industrialisés, une tendance exactement inverse, donc une tendance à l'amélioration relative des conditions de vie du prolétariat et à une consolidation des classes moyennes.

Du point de vue de son principe ensuite : que l'histoire de toute société ait été « l'histoire de la lutte des classes » les conduisant soit à des transformations révolutionnaires, soit à la ruine, n'est plus guère tenable. Ni historiquement : avec ou sans processus révolutionnaire, par l'aiguillon de la lutte des classes ou par celui du compromis social, toutes les sociétés occidentales semblent s'être orientées vers des situations à peu près équivalentes (au moins dans une perspective marxiste qui postule que le degré de redistribution collective n'a pas de pertinence).

1. Voir Marx et Engels, *Le Manifeste du Parti communiste*, « Bourgeois et prolétaires », in K. Marx, *Œuvres économiques I*, trad. M. Rubel, Paris, Gallimard, « La Pléiade », 1968-1969.

Du point de vue de sa finalité encore : la lutte du prolétariat était censée porter à son point d'incandescence *réelle* et non plus idéale le projet d'émancipation et d'éducation de l'humanité propre aux Lumières. Il a abouti, dans le réel, à exactement l'inverse – des tyrannies inédites, abrutissantes et totalitaires.

Du point de vue de son mode de justification enfin : opter pour une politique de la division, de la science et du prolétariat, seul porteur et garant de l'universalité humaine, contre toute théorie « bourgeoise » en termes de contrat social, d'institution, de croyances communes, d'avantage commun ou de bien commun, c'est opter pour une voie « réaliste » et donc renoncer d'avance à justifier ses échecs au nom des hommes ou des peuples. C'est au contraire le « petit-bourgeois » démocrate de 1849 qui raisonne ainsi et se lamente à la fois du prolétariat qui n'a pas été à la hauteur et de ses dirigeants qui ont trahi leurs idéaux. Pour un authentique marxiste, une politique qui échoue avec une telle constance est nécessairement une politique fausse.

Presque à tous égards, l'histoire semble donc avoir tranché, non pas en soi mais déjà et seulement d'un point de vue strictement marxiste : en dehors de l'horizon de la lutte, parler de prolétariat n'a plus aucun sens. Si toute pratique révolutionnaire a échoué ou, croyant vaincre, s'est abîmée dans la tyrannie d'une nouvelle classe bureaucratique, s'il n'y a donc plus de sens politique à parler de lutte des classes, il n'y a plus de sens à espérer cerner la moindre classe prolétarienne d'une manière objective. Autrement dit, on est obligé aujourd'hui de penser la contre-apposée de la formule marxiste : si l'existence même du prolétariat s'inaugure dans sa lutte contre la bourgeoisie, alors le jour où cette lutte s'affaisse pour se réduire à une (courte) série de conflits corporatistes et épars, il n'y a plus de prolétariat.

Mais alors, que reste-t-il ? Quelque chose comme un monde de cauchemar pour tout véritable démocrate. D'un côté, une classe dominante qui devient ou redevient seul sujet de l'Histoire, et donc en sécession plus ou moins complète avec le reste de la société. Et de l'autre, pour reprendre les termes de Hegel à propos de la conscience malheureuse, une classe dominée qui « retombe hors du processus dialectique vivant », et finit par se dissoudre entre ses deux (non-)classes frontières : d'un côté, le *Lumpenproletariat,* c'est-à-dire le sous-prolétariat ou « prolétariat en lambeaux » constitué des plus basses couches sociales, désorganisées, individualisées, sans conscience de classe, et donc au service du plus offrant ;

de l'autre côté, les blancs-manteaux du prolétariat, la petite-bourgeoisie ou le prolétariat embourgeoisé, alliages contre nature de fonctionnaires et de petits-boutiquiers, de petits calculateurs aux intérêts « sordides » et de « rêveurs de l'absolu » (c'est à chaque fois Marx qui parle). Autrement dit, s'il n'y a plus de prolétariat, il n'y a plus, d'un côté, que des acheteurs et, de l'autre, à la fois des individus achetables (la « racaille », suivant la traduction actuelle et signifiante de *Lumpen*) et des individus achetés (les fonctionnaires, les clercs, les petits commerçants et artisans).

Dès lors, toute pensée politique semble aujourd'hui vouée à une unique alternative sérieuse : soit réduire ses considérations à des analyses expertes et prémodernes, c'est-à-dire adressées exclusivement aux dominants (ou à tous mais en position de domination) ; soit chercher vaille que vaille à maintenir la fiction d'une politique de tous et par tous, donc continuer à s'appuyer sur ce qui reste de la « réalité sociale » – à savoir, ces lambeaux et ces blancs-manteaux du prolétariat défait. C'est à la seconde branche de cette alternative que nous aimerions ici nous intéresser. À toute fin d'essayer de mieux mesurer à la fois ses fécondités inattendues et ses limites réelles. Autrement dit, essayer de montrer que, pour fonder une politique de la modernité, les blancs-manteaux et les lambeaux du prolétariat, ce n'est peut-être déjà pas si mal, même si ce n'est sans doute pas suffisant.

APOLOGIE DES BLANCS-MANTEAUX : CENTRALITÉ DE LA QUESTION SOCIALE

La vision commune par Marx et Engels des Républicains et des libéraux sociaux, des syndicalistes réformistes, des « démocrates purs », ou encore du parti social-démocrate de 1849 rassemblant ouvriers et petits-bourgeois sous la Seconde République française, peut se résumer essentiellement à un trait : politique d'entre deux classes, politique tentant de concilier, avec modération et sans renversement radical, des intérêts à jamais contradictoires, le socialisme démocratique ou la « social-démocratie » originelle est avant tout une pensée « émoussée », c'est-à-dire une pensée non seulement à jamais stérile et sans vigueur (puisque toutes ses idées sont celles amoindries des classes entre lesquelles elle tente de se situer), mais encore vouée au pragmatisme à courte vue, donc à jamais sans prises sérieuses sur le réel et sans capacité à mobiliser durablement l'ensemble d'une population.

Or, est-il si sûr que ces mouvements fragiles et épars du XIXe siècle furent les plus dépourvus de sens du « mouvement du réel » et les plus récalcitrants à soutenir les aspirations du prolétariat ? Leur principal mérite fut pourtant de mettre au cœur de la question politique ce surgissement de prolétaires sans attaches, sans autres biens que leur force de travail et leurs enfants, sans statut politique et sans statut matériel. Et leur force fut sans doute d'avoir interrogé la pertinence moins d'une réponse ou d'un déni que justement d'une question : celle qu'on commençait à appeler la « question sociale », c'est-à-dire la question du sens, du rôle et du devenir réels du nouveau prolétariat. Robert Castel a ainsi fortement montré combien, jusqu'au XIXe siècle, le statut de salarié n'ayant pour vivre ni champs, ni charges, ni privilèges mais la seule force de ses bras est un statut profondément indigne et méprisé : jusqu'au développement du capitalisme, il n'y a pas de question sociale, il n'y a que la question des « pauvres » ou des « inutiles au monde », le prolétariat se confondant alors avec le *Lumpenproletariat,* ensemble disparate et sans circonscription des « paumés de la terre »[1]. Or la « question sociale », c'est justement tout l'inverse : non plus la question de la pauvreté des sans-travail mais celle de la *pauvreté au travail,* celle de travailleurs qui sont à la fois la source de l'accumulation formidable de richesses que permet la révolution industrielle et ses premières victimes. C'est, comme l'énonce Robert Castel, « la question de la place que peuvent occuper dans la société industrielle les franges les plus délocalisées des travailleurs » (entendons : les « prolétaires sans feu ni lieu » dont parle Marx dans le *Capital*).

Il est clair alors, en termes marxistes, que c'est là une question bourgeoise ou petite-bourgeoise. Puisque s'interroger en termes de places et de positions, c'est nécessairement récuser d'avance toute problématique révolutionnaire ou de transformation radicale de la société au profit de la question de l'égalisation graduelle des droits, de la redistribution graduelle des richesses et de l'intégration graduelle des couches les plus basses de la société. La « social-démocratie » au sens large et péjoratif que lui donnent Marx et Engels au début des années 1850 a ainsi tous les relents d'une petite-bourgeoisie mal déchristianisée : une charité mal assumée (les sociétés mutualistes et de bienfaisance), un idéalisme mal dégrossi (tous égaux par le droit et le vote) et une culpabilisation de tout ce qui n'est pas

1. Voir Robert Castel, *Les métamorphoses de la question sociale. Une chronique du salariat,* Paris, Fayard, 1995.

petit (culpabilisation des plus riches qui ont trop et doivent redonner, culpabilisation des plus pauvres qui doivent s'intégrer par le travail et l'association à la société). On pourrait parler d'une sorte de politique générale des blancs-manteaux : donner au prolétariat la toge blanche de la représentation politique (lui donner des députés et des sénateurs par le suffrage universel), la blouse blanche de l'écolier, et les vêtements propres de celui qui a pour de bon quitté les rivages de la misère et de la mendicité.

Tout cela dit et tout cela moqué, en une telle pensée et dans la série d'expérimentations locales qui l'ont incarnée (associations d'assistance mutuelle, sociétés de bienfaisance, partis sociologiquement mixtes, etc.), se brisait pourtant le pervers jeu de miroirs triangulaire qui opposait alors catholiques sociaux, libéraux radicaux et communistes. Car, pour les uns et les autres, il n'y avait en vérité pas de question sociale, et donc pas de prolétariat. Celui-ci disparaissait plutôt sous un triple déni. Déni des chrétiens sociaux, parce qu'au fond il n'y avait pas pour eux de prolétaires, seulement des frères pauvres qu'il fallait aider, aimer, édifier mais non écouter et comprendre dans leurs revendications en propre. Déni des libéraux, parce que pour eux le marché devait parvenir de lui-même à régler le problème de l'allocation des ressources : le libéralisme économique et politique originel, c'est la fin *a priori* de toute question sociale, ancienne ou nouvelle – que chacun se débrouille et tous seront heureux[1]. Et pour les communistes, parce que le prolétariat en lutte n'était finalement pas une question, mais une réponse, et même la réponse à tous les problèmes : le prolétariat est tout, il doit vouloir tout et pouvoir obtenir tout, ou n'être rien. Autrement dit, c'est peut-être seulement avec et dans cette pensée « social-démocrate » au sens large que le prolétariat en tant que tel pouvait se donner à voir et à penser, aux dépens de ce triple déni. Être prolétaire « sans feu ni lieu », ce n'est peut-être pas d'abord un rêve de transformation radicale de la société, mais le rêve de retrouver enfin un feu et un lieu : le rêve de s'embourgeoiser, par l'éducation civique, par une plus grande aisance matérielle permettant justement la création de formes inédites de solidarité (il n'y a de solidarité inédite et expérimentable, donc non mécanique, qu'entre individus profondément individualisés) et par la représentation politique (donc la respectabilité sociale). Autrement dit, la

1. Voir la juste analyse que fait Hannah Arendt de l'éviction de la « question sociale » chez les « vrais » libéraux de la révolution américaine opposée à la Révolution française, in *Essai sur la révolution,* chap. 2, trad. M. Chrestien, Paris, Gallimard, 1967.

pensée social-démocrate est peut-être la seule à avoir perçu cette très simple vérité : le prolétariat ne naît pas dans l'économique, mais à la racine du politique, dans le taraudant sentiment d'injustice sociale qui naît chez celui qui fait vivre le système sans jamais pouvoir en être, ni lui ni ses enfants.

APOLOGIE DES PROLÉTAIRES EN LAMBEAUX : ÉGALITÉ, MULTITUDE, DEVENIR

Le problème majeur de la pensée « social-démocrate » au sens marxo-engelsien est qu'elle éteint dans la notion de prolétariat toute sa force critique. Là-dessus, Marx et Engels avaient malgré tout d'avance raison. En reconnaissant, en effet, le prolétariat comme simple « question sociale », on ne peut au final aboutir qu'à une confirmation de l'ordre bourgeois : si le prolétariat est la classe qui travaille et ne bénéficie pas, ou pas assez, des fruits de son travail, alors il devient la confirmation majeure du Bien qu'est censée incarner la bourgeoisie : celle-ci est si enviable qu'on ne peut que lui reprocher de ne pas savoir s'étendre à tous. C'est là au fond la plus appauvrissante des dialectiques de la reconnaissance : le prolétariat n'est autre qu'aussi loin qu'il désire devenir ce qu'il n'est pas, et les formes de solidarité qu'il est capable d'inventer ne sont rien d'autre que de simples moyens en vue d'accéder à un état qui n'a justement plus besoin de solidarité (la bourgeoisie possédante). Or, en reconnaissant cela, on ne peut que relancer *l'autre désir* qui habite le prolétariat : justement refuser d'« en être », refuser les vertiges de la promotion sociale et de l'égalité formelle, vouloir seulement devenir ce qu'on est, dans une autre conception de l'égalité : non plus l'égalité jugée depuis son résultat ou sa finalité – devenir tous des petits-bourgeois –, mais l'égalité jugée depuis son processus – il n'y a que les inégaux et les séparés qui peuvent désirer l'égalité et l'union. Il y a ainsi une splendeur du prolétariat irréconcilié, irréconciliable, et une splendeur de la solidarité qui ne vaut plus par ses résultats (vivre mieux pour le plus grand nombre) mais par son seul processus (simplement réapprendre, comme en un premier matin, à vivre ensemble).

Toutefois, reconnaître cet « autre désir » et cette autre conception de l'égalité et de la solidarité ne permet pas pour autant de revenir à Marx et Engels. Car cet autre désir et cette autre conception de l'égalité et de la solidarité ne consistent justement pas à repenser idéalement une classe prolétarienne organisée et consciente de soi dans son refus de l'ordre bourgeois existant. Au contraire, ils consistent à virer entièrement de bord : la vérité du prolétariat, ce n'est finalement pas les blancs-manteaux de la petite-bourgeoisie, mais justement le *Lumpen,* justement ce prolétariat atomisé et sans rapports que Marx conspue de toute son âme. Les pages du *18 Brumaire* décrivant la société du 10 Décembre de Louis-Napoléon Bonaparte, « chef du *Lumpenproletariat* », sont ici saisissantes de violence et de mépris. Rappelons-les :

> « À côté de "roués" [en français dans le texte] détraqués, aux moyens de subsistance douteux et d'origine douteuse, à côté de rejetons dépravés et bassement aventureux de la bourgeoisie, il y avait des vagabonds, des soldats libérés, des forçats sortis du bagne, des galériens en rupture de ban, des escrocs, des charlatans, des *lazzaroni,* des voleurs à la tire, des escamoteurs, des joueurs, des "maquereaux" [en français dans le texte], des tenanciers de bordels, des portefaix, des plumitifs, des joueurs d'orgue, des chiffonniers, des rémouleurs, des rétameurs, des mendiants, en un mot toute cette masse amorphe, décomposée, ballottée, que les Français nomment "la bohème" [en français dans le texte]. »[1]

Et Marx d'ajouter plus loin, comme si l'on n'avait pas bien compris :

> « La cour, les ministères, le sommet de l'administration et de l'armée sont envahis d'une foule de drôles, du meilleur desquels on doit dire qu'on ne sait pas d'où il vient, une bohème bruyante, mal famée, rapace, qui se glisse dans les uniformes galonnés avec la même dignité grotesque que les hauts dignitaires de Soulouque. »[2]

Au-delà du fait que de telles lignes n'auraient pas dépareillé dans les journaux du « parti de l'ordre » de l'époque, force est en effet de constater que, pas plus que les aspirations à un mieux-vivre du prolétariat, Marx ne semble supporter son revers : ses aspirations à une vie plus immédiate, « aux aguets », sans inscription, donc aussi capable de se vendre que de se révolter ou d'être indifférent. Le prolétariat mythique de Marx est sans individualité, sans désir indécent (sans rapacité ou concupiscence déplacée), soucieux de sa respectabilité (et non pas « mal famé »), déjà sédentarisé (et non flexible et mouvant à la manière des rétameurs ou des rémouleurs), et respectueux des valeurs morales (ni voleurs, ni anciens bagnards, ni maquereaux). Bref, Marx semble reprocher aux socio-démocrates de vouloir faire

1. K. Marx, *Le 18 Brumaire de Louis Bonaparte,* trad. M. Rubel *et al.*, in K. Marx, *Œuvres politiques,* I, Paris, Gallimard, « La Pléiade », 1994, p. 489.
2. *Ibid.,* p. 543.

habiller tous les ouvriers avec les blancs-manteaux de la petite bourgeoisie, mais peut-être d'abord parce que sa propre conception abstraite du prolétariat, par la double négation qui le constitue (il n'est ni le *Lumpen* ni la bourgeoisie), est d'avance entièrement petite-bourgeoise.

Dès lors, on peut être tenté, à la fois contre Marx et contre la social-démocratie, de saisir la vérité du prolétariat *réel* par l'autre bout : non plus comme construction d'une classe consciente d'elle-même dont la prise de conscience progressive se trouverait jalonnée de grandes actions d'éclat (les révoltes de 1831 et 1834 à Lyon, les journées de juin 1848, la Commune, etc.) dans l'horizon d'une puissance collective enfin irrésistible, mais, à l'opposé, comme puissance immédiate bien qu'en lambeaux, morcelée, individualisée et, donc, contrainte de s'arracher d'emblée et sans cesse à ses déterminations de classe pour exister. Autrement dit, la puissance réelle du prolétariat ne serait pas dans la puissance une, majoritaire et ne souffrant plus de résistances que les partis censés l'incarner ne cessent de promettre et de reporter, mais dans exactement l'inverse : dans sa puissance actuelle, multiple, résistante, immédiatement individualisée et nomade, c'est-à-dire immédiatement engagée dans des devenirs qui la font échapper d'emblée à elle-même. Le vrai prolétariat, c'est le *Lumpenproletariat* rendu à sa multiplicité immédiate et effectivement « en lambeaux », « amorphe », mais à entendre maintenant au sens le plus positif qui soit : non plus comme masse sans vigueur, mais comme chaos sans forme, puisque sans statut, sans place, sans fonction de représentation, grâce auquel peuvent seulement se rêver et se créer des formes, des mondes et des modes de vie inédits.

Dans le détail, il peut exister alors diverses manières d'envisager une telle apologie du prolétariat en *Lumpenproletariat*. Soit en insistant sur sa richesse formidable et immédiate qui n'a nul besoin qu'on lui *octroie* les formes de la démocratie bourgeoise du jour ou de la démocratie prolétarienne à venir, parce qu'il est déjà démocratie en acte, capacité pour chacun de se dresser non comme prolétaire mais comme homme libre, capable d'écrire sans titre et sans statut, capable d'apprendre même sans savoir, capable de s'opposer et de résister même sans promesse de lendemains qui chantent. Ce sera là toute la démarche de Jacques Rancière[1]. Soit en insistant au contraire sur les potentialités inédites de création que porte plutôt

1. Voir J. Rancière, *La nuit des prolétaires,* Paris, Fayard, 1981, et, pour une critique (virulente) de la conception marxiste du prolétariat : *Le philosophe et ses pauvres,* Paris, Fayard, 1983.

son absence de richesse, son caractère à jamais « inférieur », son désir de « demeurer sous-développé » (parce que créer est le contraire de se développer), donc sa dimension à jamais minoritaire et nomade. Et ce sera là le propre de la démarche de Deleuze et Guattari[1]. Soit encore, en un sens orthogonalement à ces deux perspectives, en insistant sur l'unité de ces apparents lambeaux du prolétariat, sur la force de création transversale de tous ceux qui résistent à l'emprise des pouvoirs constitués mondialement, donc capables de porter encore un nouveau « grand récit » émancipateur, celui justement de ce *Lumpenproletariat* mieux nommé « multitude ». Ce sera le sens de la démarche d'Antonio Negri et Michael Hardt[2]. Mais, dans tous les cas, on retrouve toujours le même point commun : la force du prolétariat ne repose pas dans sa capacité à se dresser comme *autre* classe organisée et consciente d'elle-même face à la classe dominante, mais bien dans sa puissance spontanée de désorganisation, d'échappement immédiat de toute structuration en classes, d'échappement immédiat à toute forme d'assignation de chacun à une place spécifiée.

VERS UNE NOUVELLE LUTTE DE CLASSES ?

Le problème ultime d'une telle apologie du *Lumpenproletariat* tient peut-être à ce qu'en donnant tout et d'emblée aux classes les plus défavorisées : la richesse, la puissance de création ou de constitution, la multiplicité et l'unité, elle finit par se nier complètement comme politique. De la manière la plus théorique : refusant de représenter qui que ce soit et de programmer quoi que ce soit, elle n'est au mieux, justement, qu'une *apologétique* enthousiaste et au pire qu'une nostalgie irrémédiable. Mais aussi de la manière la plus pratique : face à n'importe quel enjeu actuel (le libéralisme, l'Europe, le rôle de l'État, les élections, etc.), elle ne peut que se déchirer comme le vêtement dont elle se revendique. Et peut-être encore de la manière la plus historique : ces pensées magnifiques mais en partie sans mains ont beau vouloir se démarquer autant de la social-

1. Voir G. Deleuze et F. Guattari, *L'anti-Œdipe* et *Mille plateaux*, Paris, Minuit, 1972 et 1980 ; et pour l'apologie de ceux « qui veulent demeurer sous-développés », G. Deleuze, *Superpositions*, Paris, Minuit, 1980.

2. Voir A. Negri et M. Hardt, *Empire*, trad. D.-A. Canal, Paris, Exils, 2000 ; et *Multitude, guerre et démocratie à l'âge de l'Empire*, trad. N. Guilhot, Paris, La Découverte, 2004.

démocratie que du marxisme « organique », force est de constater que leur genèse et leur histoire suivent comme leur ombre la genèse et l'histoire des succès et des échecs de la social-démocratie elle-même.

Dans cette dernière perspective, il manque donc peut-être encore à de telles pensées la capacité de dialectiser de manière plus consciente leurs rapports avec la social-démocratie et l'ensemble des revendications qui l'accompagnent (en termes de droit, d'égalité formelle, de redistribution matérielle, de justice sociale, etc.). Or tout le problème est justement qu'une telle dialectique entre lambeaux et blancs-manteaux du prolétariat a *déjà* un concept et une histoire : le concept de lutte de classes et l'histoire des alliances et des ruptures entre les différentes classes de nos sociétés que cette lutte produit. Si l'on veut donc sortir complètement des impasses tantôt sanglantes, tantôt méprisantes, tantôt abrutissantes du marxisme-léninisme historique, peut-être ne suffit-il donc pas de se livrer à une apologie unilatérale de la petite-bourgeoisie ou du *Lumpenproletariat*. Peut-être faut-il aussi repenser un *autre* concept de « lutte de classes » qui permette encore de dialectiser les différentes formes de revendications sociales, et donc de promettre encore une véritable politique. C'est peu de dire que nous en sommes aujourd'hui encore bien loin.

Les équivoques de la dépossession

Frank Burbage

Les sciences sociales nous instruisent des clivages structurels d'un monde beaucoup moins ouvert et intégrateur que ne le montre son image officielle, et de la situation de ceux qui y accomplissent les tâches les moins qualifiées, les plus ingrates, dans des conditions de précarité accrue. La typologie du travail et de la pauvreté ne manque pas, aujourd'hui, de théoriciens avisés. Mais le prolétariat n'est pas un concept descriptif, trouvant son application et sa vérité dans les déterminations savantes de l'économie ou de la sociologie. C'est un concept normatif qui opère dans le contexte d'une condition salariale parfois combative, souvent silencieuse, qui, malgré le double processus de sa légalisation et de sa qualification, n'est étrangère ni à la violence ni à l'injustice. Loin des grands récits de la mythologie ouvrière, on s'efforce ici d'en mesurer la signification pratique, morale et politique à la fois.

> « Les lois, même de la justice, ne peuvent subsister sans quelque mélange d'injustice... »
>
> Montaigne, *Les Essais,* II, XX.

Il faut et il suffit d'une grève bien ajustée, comme celle qui a mobilisé au printemps 2008 plusieurs centaines de salariés « sans papiers » dans les entreprises de l'hôtellerie et de la restauration d'Île-de-France, adossée à la solidarité plutôt inédite de leurs employeurs, pour relancer l'idée qu'une certaine condition prolétarienne associée aux luttes dans lesquelles elle déploie son efficacité politique n'appartient pas à la préhistoire d'un monde ouvrier non encore légalisé, aux temps héroïques et douloureux de l' « accumulation primitive », mais au présent et probablement à l'avenir du salariat. Ses statuts et ses droits sont tout sauf des acquis, plutôt des réglementations variables, soumises aux aléas d'une légalité qui maintient l'utilisation des ressources humaines dans des limites « raisonnables », jusqu'au jour où celles-ci sont dénoncées par des gestionnaires avertis des nécessités (évidemment « incontournables ») de la concurrence. Entre la peur de la misère ou de la guerre (au Sud) et celle du chômage et de la disqualification (au Nord), nous vivons dans des sociétés de travailleurs en peine de travail, et susceptibles de consentir par nécessité à des formes d'employabilité rarement combattues, à peine négociées. De là l'ambiguïté sourde de ce commerce du temps, des forces, des compétences, mais peut-être aussi plus généralement de soi, que représente l'échange salarial. Que des patrons militent à mots ouverts pour l'intégration nationale et légale de ceux qui les servent régulièrement, c'est probablement justice. C'est aussi leur intérêt judicieusement compris, ce qu'exprime la rhétorique bien singulière de l'insubstituabilité des travailleurs « étrangers » : d'autant plus précieux qu'ils acceptent des emplois et des conditions de travail (horaires, salaires) qui se situent très bas dans la hiérarchie des qualifications et des rémunérations, délaissés par ceux qui ont davantage de choix et qui ne connaissent pas les urgences extrêmes de la migration[1]. Liberté contrainte, violence contenue par un échange qui opère au mieux sur la base d'une utilité partagée et dans des formes « régulières », mais qui n'est jamais totalement étranger à l'abus, surtout si l'on prend en compte les dimensions psychologiques et symboliques de l'identification professionnelle de soi. De sorte que la légalisation du travail ou la montée en puissance de sa qualification entretiennent avec la violence une relation complexe, qui tient moins du dépassement que du mélange et de la

1. Mais l'absence de choix joue aussi aux niveaux réputés élevés de la compétence et de la hiérarchie salariales. Par exemple : l'introduction en France du « toyotisme », substitut à l'intensification mécanisée du travail, s'est faite dans le contexte d'informations, de temps et d'effectifs très insuffisants, et n'a pas été associée aux perspectives de reconnaissance, de promotion – c'est-à-dire aussi de sécurité professionnelle *et personnelle* – qui lui sont traditionnellement associées au Japon, et qu'il aurait été possible et souhaitable, d'un point de vue à la fois technique et humain, de négocier. Ce que pointait en octobre 2007 le rapport réalisé pour Renault par le cabinet d'expertise Technologia.

tension maintenue. Où, quand, comment l'*utilisation* des ressources humaines se convertit-elle en *exploitation* ? « Prolétariat » désigne aux frontières de l'abusif et du normal cette espèce de violence refoulée, contenue au-dehors, mais aussi au-dedans d'un salariat légalement et socialement intégré. Ce pourquoi l'attention portée aux formes renouvelées de la précarité ou de l'exclusion ne suffit pas à la compréhension du prolétariat contemporain[1].

En dehors de l'Europe aux prises avec le devenir flexible de sa main-d'œuvre, on observe des conflits à la fois intenses et fort ambigus. Les Émirats du golfe Persique, par exemple, sont touchés par des grèves qui mobilisent des travailleurs immigrés associant la revendication d'un meilleur salaire à celle d'un contrat de travail en bonne et due forme, deux éléments susceptibles d'atténuer la violence de l'économie clandestine et de mettre un pied en dehors de ce qui constitue une forme paradoxale de l'esclavage, lié non plus à la conquête guerrière mais à la migration « choisie ». Dans ces conflits, la question des frontières intérieures apparaît décisive. Comme le dit fort « généreusement » un responsable du ministère du travail du Bahreïn : « Nous voulons rester une nation arabe, mais il faut trouver un moyen de protéger ces travailleurs. »[2] L'industrialisation et l'urbanisation chinoises connaissent elles aussi les embryons d'une syndicalisation qui ne se reconnaît plus dans les simulacres des organismes officiels. Très violemment réprimés mais déjà suffisamment efficaces pour dispenser aux salariés urbains quelques informations sur leurs droits, et pour contribuer, justement, à l'élaboration de tels droits. Depuis le 1er janvier 2008, une loi sur le contrat de travail oblige notamment les entreprises à accorder un CDI à ceux qu'elles emploient... depuis plus de dix ans[3] ! Un jour, peut-être, la Chine connaîtra des conventions collectives articulées sur une conflictualité ouverte comme sur la recherche de

1. Sur le jeu complexe de l'offre et de la menace, on peut lire les réflexions de Marc Fleurbaey, « Pauvreté, droits fondamentaux et oppression », *Cahiers philosophiques*, nº 104, décembre 2005, ainsi que celles de Jacques Hoarau, « Pauvreté et exploitation », *ibid.*, nº 105, avril 2006.

2. Voir *Le Monde,* 22 janvier 2008, p. 3 (reportage de Claire Gatinois). Un ouvrier du bâtiment travaillant sur un chantier de Dubaï est payé entre 700 et 800 dirhams (217/248 €)... quand il est payé. La plupart du temps : en liquide, de la main à la main. Ce reportage nous apprend que « le gouvernement veut mettre de l'ordre dans ce fonctionnement par trop rudimentaire ».

3. Voir *Le Monde,* 18 janvier 2008 (reportage de Brice Pedroletti) : « Zone pilote pour l'introduction de l'économie de marché dans les années 1980, Shenzen est désormais à la pointe des conflits sociaux tant les tensions accumulées sont explosives : les salaires y sont plus élevés mais les conditions de travail très rudes. »

véritables compromis[1]. Et avec elles alors les ambiguïtés d'un salariat légal qui éloigne… et reproduit les conditions d'une exploitation « raisonnable ». De telles batailles pour la régularisation présentent bien plus que des complications factuelles. L'usage rhétorique coutumier est d'ailleurs très révélateur. C'est lorsqu'on veut signifier que les actions menées par les ouvriers chinois sont *justifiées* qu'on parle à leur propos du « *réveil* des *exploités* [je souligne] de Shenzen »[2]. De tels énoncés s'inscrivent à l'évidence dans une perspective normative. Ils ont leur sens réflexif et critique dans la considération d'un certain type d'injustice.

C'est dire qu'avec le prolétariat il y va plutôt d'une sémantique politique que d'une physique sociale. Et si ces luttes éparses bénéficient parfois d'une assez grande popularité, suffisamment durable pour qu'on ne l'attribue pas à la seule influence de la compassion médiatique[3], c'est probablement parce qu'elles correspondent aux séquences d'une résistance d'autant plus remarquable qu'elle ne répond plus à une structuration idéologique ou partisane susceptible de l'englober et de lui assigner *a priori* un sens. Elles suscitent, toutes proportions gardées du fait de leur dimension souvent très ponctuelle, un enthousiasme analogue à celui qu'appelle le spectacle révolutionnaire de la souveraineté recouvrée[4]. Cela peut-être sur la base d'une série d'inquiétudes liées à la survie mais aussi à la reconnaissance de cette dignité que permet, mais aussi que menace, l'échange salarial. De même qu'il arrive aux peuples-sujets de recouvrer manifestement leur capacité constituante, il arrive à la patience laborieuse de se muer en protestation sourde, parfois (rarement) en révolte explicite. C'est aussi cet *événement*-là qui se nomme « prolétariat ». Ce que dans l'art

1. L'*All China Confederation of Trade Union* (ACFTU) est absente des entreprises privées. Ses représentants sont la plupart du temps nommés par les dirigeants, dans le contexte d'un contrôle et d'une répression soutenus.

2. Voir n. 3, p. 69.

3. En France cette popularité s'atteste notamment par la ténacité des associations et mouvements qui bataillent pour les « sans-papiers ». Elle contraste avec le dolorisme éphémère des images officielles – par exemple, à propos des conditions de travail en Chine, voir le reportage suivant : http://blog.france2.fr/pascal-golomer/index.php/2007/06/15/54632-liberation-desclaves-des-briqueteries-dans-le-centre-de-la-chine.

4. Je m'inspire ici de l'analyse kantienne de l'enthousiasme suscité par la Révolution française – ou par un événement du même type – dans la VIe Section du *Conflit des facultés* (*Opuscules sur l'histoire,* Paris, GF, 1990, p. 210-213). Mais aussi de la distinction thématisée par P. Ricœur (à propos de la non-violence) du geste et de l'action (« L'homme non violent et sa présence à l'histoire », *Histoire et vérité,* Paris, Le Seuil, « Points », 2001, p. 265-277).

populaire nombre de chansons ou de films expriment par une espèce d'amplification : l'image d'un soleil qui brille enfin pour tout le monde ; la fierté retrouvée de ceux qui – simples travailleurs – relèvent la tête et qui donnent de la voix ; l'audace d'une émancipation qui compte sur les seules ressources de ceux que l'on estime, à raison sans doute mais aussi à tort, « démunis » ou « défavorisés ». « Prolétariat » désigne tout cela d'un bloc, et particulièrement ce processus d'une affirmation de soi propre à ceux que l'on croyait soumis et qui n'étaient que patients : la réponse politique mais aussi existentielle adressée à ceux qui s'imaginent que les pauvres travailleurs (ou les travailleurs pauvres) ont besoin d'une assistance ou d'une considération qui leur seraient octroyées, ou que leur position les enferme dans la seule alternative de la collaboration ou de la fuite, en deçà de toute revendication ou proposition. Bien avant Hess, Proudhon ou Marx, c'était peut-être déjà le sens de la réinterprétation rousseauiste des institutions de la république ancienne : « Les *prolétaires,* non tout à fait réduits à rien, donnent au moins des Citoyens à l'État, quelquefois même des soldats... »[1] Être *presque* « réduit à rien » *et* ne pas manquer *pourtant* d'une capacité citoyenne ; en manquer d'autant moins que, comme Rousseau l'a précisément expliqué, les prérogatives patriciennes liées à la propriété et aux affaires sont celles qui assurent des pouvoirs mais aussi celles qui détournent de la délibération et de l'engagement publics. Les enjeux économiques et juridiques ne sont pas séparables ici des intérêts et des droits humains, comme si le terme même de « prolétariat » venait désigner non pas l'objectivité d'une condition ou d'une position, mais la mesure nécessairement approximative et discutable d'une injustice inscrite au cœur de la société et de l'économie normales.

On conçoit mal comment et pourquoi une telle puissance de problématisation pourrait ou devrait mourir, particulièrement dans le contexte contemporain d'une industrialisation qui bat son plein, associée à une poussée égalitaire d'ampleur, elle aussi, mondiale. Des *faits* peuvent disparaître, remplacés par d'autres faits. Par exemple : un salariat progressivement enrichi et socialement mieux intégré peut se différencier de la masse des travailleurs les plus pauvres ; ou, au contraire, un salariat de plus en plus précarisé, fragiliser la condition de ces classes qu'on avait pu dire « moyennes ». Des *chimères* propres à certains dispositifs sociaux ou insti-

1. *Du Contrat social,* IV, 4 : « Des Comices romains ».

tutionnels peuvent se dissoudre pour laisser place... à de nouvelles illusions. Par exemple : le mythe d'une « avant-garde prolétarienne », espèce de peuple supérieur connaissant par avance les moyens et les fins d'une authentique communauté, laisser place aux fantasmes d'une société de propriétaires. Mais le prolétariat n'est à proprement parler ni un fait ni une chimère. C'est plutôt un opérateur critique au sein de cette institution spécifique de l' « inégalité parmi les hommes » que constitue le salariat. C'est-à-dire aussi un problème pratique traversant ce régime particulièrement complexe de l'échange et du commerce de forces et de qualités humaines. Un tel problème ne fait signe ni vers l'idéalité d'une justice éternelle, déductible *a priori,* ni vers la concrétude d'une classe sociale observable *a posteriori* et disposant d'une personnalité durable. Pas davantage vers la plénitude d'une imaginaire abondance. Plutôt vers une série d'expériences qui articulent de manière fluctuante et assez radicalement équivoque, du fin fond de ce qui pourrait constituer une relégation ou une résignation définitives : la misère et la résistance, la collaboration et la protestation, le ressentiment et l'invention.

On comprend ainsi pourquoi un certain usage de la notion de prolétariat peut virer si facilement à la naïveté sociologique ou au messianisme théologico-politique – deux faces opposées d'une même dogmatique. Il faut et il suffit pour cela de considérer le prolétariat comme quelque *chose,* susceptible de nous faire impression (grande ou petite, bonne ou mauvaise) dans une espèce de face-à-face immédiat : une *classe* aux contours et aux caractéristiques observables ; un *être* dont l'identité purifiée équivaudrait à celle de l'homme universel. Les sciences sociales ont bien raison d'opposer alors l'observation minutieuse du corps social à la généralité et à l'arbitraire des représentations confuses[1]. Fine géopolitique aidant, on ferait par exemple apparaître toute la différence qui existe entre les « sans-papiers » français, les immigrés du golfe Persique, les néo-citadins chinois...

Mais il ne suffit pas de s'instruire de la positivité des savoirs pour épuiser le sens de la question prolétarienne. Celle-ci, en effet, tient autant à la pratique, c'est-à-dire à l'éthique, qu'à la seule théorie : elle implique

1. Rappelons que Marcuse définissait le concept marxien de prolétariat comme un « concept mythologique » capable, en tant que tel, de « refléter le pouvoir mystificateur des faits donnés – l'équilibre fallacieux des contradictions de la société » (*L'homme unidimensionnel,* Paris, Minuit, 1968, p. 212).

ou ré-implique sans cesse une considération de justice dans ce qui se voudrait une approche strictement descriptive. Marx et Engels déjà, qui parlaient au nom d'une science désirée et qui souhaitaient ne pas s'autoriser de « simples » considérations morales[1], n'ont cessé d'être rattrapés comme malgré eux par la dimension normative, indissociablement politique *et* morale, d'une mention du prolétariat. Et ce n'est pas par hasard s'il revient aux romans, au cinéma ou encore à la chanson populaire – à la littérature *sensible* et *partiale* plutôt qu'à la science neutre – de figurer ce devenir aux limites de l'histoire ; ces gestes aux limites de l'action ; cette parole aux limites de l'inarticulation ou de la fragmentation. Non pas que ce déplacement politique, c'est-à-dire aussi parlant du « matériel » laborieux, engendre nécessairement la sympathie – figure simpliste de la fraternisation ! Mais il engendre à coup sûr des spectateurs qui ne restent pas impartiaux.

Il reste que la base normative mise et remise ainsi en jeu est loin d'être précisément déterminée. Ce qui tient à des difficultés déjà anciennes[2], aux métamorphoses contemporaines de la question sociale et, avec elles, à un certain nombre d'embarras de principes, qui viennent compliquer aussi bien la pratique de la conflictualité que son appréciation.

Le symptôme le plus évident de ces difficultés tient à la montée en puissance, dans le champ mouvementé de la critique sociale contemporaine[3], d'un égalitarisme mais aussi d'un différentialisme qui prend le pas sur une considération trop étroite de l'exploitation. Non pas du fait – loin d'être négligeable dans l'ordre théorique – des difficultés thématisées par l'économie savante et relatives à la mesure exacte d'un éventuel « surtravail ». Plutôt parce que la portée critique d'un questionnement égalitariste-différentialiste des rapports sociaux est d'emblée très vaste et susceptible de s'appliquer à des situations d'injustice qui n'entretiennent qu'un rapport indirect avec le « monde du travail ». Soit notamment la revendication

1. Engels, « Préface à la 1re édition allemande » de *Misère de la philosophie* : « D'après les lois de l'économie bourgeoise, la plus grande partie du produit n'appartient pas aux travailleurs qui l'ont créé. Si nous disons alors : c'est injuste, ce ne doit pas être, cela n'a rien à voir avec l'économie (...). C'est pourquoi Marx n'a jamais fondé là-dessus ses revendications communistes... » (Paris, Éd. Sociales, 1972, p. 29).

2. Je pense notamment à l'évaluation de la paresse, ou à la critique de la division du travail.

3. J'utilise à dessein cette notion de mouvement pour insister sur le fait que la critique déborde la structuration syndicale et politique habituelle – ou, plus précisément, le champ institutionnel de sa représentation. En témoignent notamment les fortes tensions du printemps 2008 entre la CGT et les collectifs parisiens de défense des sans-papiers.

d'un droit à être entendu de façon égalitaire dans le processus politique à tous les niveaux et à bénéficier d'une participation égale au système des ressources et des récompenses socio-économiques : s'il y a une souffrance, une violence et une iniquité spécifiquement liées au travail et contenues dans la condition salariale, celles-ci ne sauraient constituer le modèle général de représentation et d'intelligibilité de l'injustice. Non sans pertinence, les théorisations contemporaines de la justice ont plutôt tendance à les considérer comme des cas parmi d'autres. Engels lui-même avait en quelque sorte anticipé cette difficulté dans les analyses consacrées à la condition féminine. Mais c'était pour rabattre immédiatement l'analyse de la domination masculine sur un schéma théorique supposé exhaustif : dire de la femme qu'elle « joue le rôle du prolétaire »[1], c'est à la fois reconnaître *et* méconnaître l'articulation spécifique de la différenciation et de la domination sexuelles. Cela n'aurait évidemment pas grand sens d'affirmer que la violence faite aux femmes est « plus » ou « moins » problématique que celle qui est faite aux salariés (d'autant qu'elles se croisent souvent). Mais reconnaître celle-ci *et* celle-là requiert une compréhension générale de l'égalité et de la différence dans le déploiement des virtualités humaines qui déborde la considération du seul prolétariat. Et cela alors même que le travail domestique, contraint et voulu à la fois, non rémunéré et faiblement valorisé, ressortit effectivement d'une espèce d'exploitation normalisée et, partant, d'une perte ou d'une privation de capacités humaines. « Le soleil [ne] brille pour tout le monde »[2] que lorsqu'on conteste également les dispositifs raciaux, génériques, ou moraux, de la ségrégation. Et ceux-ci ne sont pas réductibles à la seule exploitation des salariés. La structuration pyramidale du monde du travail inclut d'ailleurs fréquemment une forte dose de compensations et d'identifications racistes, qui appellent une critique spécifique.

Bien sûr, le fait comme le droit de la propriété ne sont pas dissociables d'une accumulation déséquilibrée, et celle-ci s'accompagne aujourd'hui comme hier des processus parfois très brutaux de la dépossession[3]. Démo-

1. Engels, *L'origine de la famille, de la propriété privée et de l'État,* Paris, Éd. Sociales, 1974, p. 82.

2. Voir John Ford, dont le film *The sun shines bright* (1953) met en scène la différenciation complexe de l' « intrigue » égalitaire.

3. À propos des années Thatcher et du démontage contemporain de l' « État-providence », voir par exemple Robert McLiam Wilson et Donovan Wylie, *Les dépossédés,* Paris, Christian Bourgois, 2005.

lition des cultures vivrières traditionnelles, mainmise (parfois guerrière) sur les sols et les sous-sols, dislocation plus ou moins intentionnelle des institutions et des statuts susceptibles de procurer les éléments par définition relatifs, mais parfois substantiels, de la sécurisation sociale et du bien-être... Les « enclosures » contemporaines ont pris la forme rationalisée de la gestion entrepreneuriale ou étatique ; elles sont souvent cautionnées par les institutions internationales au nom d'un concept monolithique du développement. Elles n'en poussent par moins vers les mégalopoles déstructurées des populations très nombreuses qui ne disposent que très rarement d'un niveau satisfaisant de formation, d'intégration et de reconnaissance... Relativement à quoi, et surtout dans un contexte de forte pression démographique, la question des biens publics – ressources naturelles, dispositifs symboliques et langagiers, fruits du progrès scientifique, technique, artistique –, c'est-à-dire partageables sur la base d'une appropriation non exclusive, reste décisive : pour discerner non seulement ce qui revient à chacun dans la perspective d'une appropriation privée, mais aussi ce qui revient virtuellement à tous sur la base d'institutions ouvertes et adaptées à la coexistence d'usages parallèles ou conviviaux. De tels usages sont difficilement séparables d'un emploi salarié vecteur d'une utilité sociale et personnelle. Mais ils lui sont d'autant moins réductibles que l'emploi normalisé, même dégagé de sa déqualification manouvrière, ne se départit pas de cloisonnements qui continuent d'opposer les manuels et les intellectuels, les tâches nobles et les ignobles – en matière scolaire, le « général », le « technique » et le « professionnel » –, et qui produisent leurs effets permanents de hiérarchisation et de disqualification.

Après deux siècles d'industrialisme et malgré le productivisme aujourd'hui encore dominant, c'est donc le double principe d'une *appropriation* et d'une appropriation *laborieuse* de soi qui doit être assez profondément relativisé. Loin des grands récits de la mythologie ouvrière, un réel pluralisme, non seulement des valeurs d'usage mais aussi des activités et des identifications, peut être substitué aux définitions monolithiques de la richesse comme aux mirages d'une illusoire plénitude.

Le gueux, le prolétaire et le précaire

Guillaume Le Blanc

I. SOUS LE PEUPLE, LE PROLÉTAIRE

Il peut être tentant de désigner, sous l'étiquette « peuple », une longue structure immémoriale de la vie sociale, laquelle persisterait inentamée sous les rumeurs bruyantes mais éphémères des mouvements sociaux, des transformations sociales, de tout le cortège des bruits et fureurs qui font corps avec la vie sociale, lui confèrent une opacité inégalée. Le peuple serait cette forme *a priori* réitérée à l'occasion de chaque geste d'envergure politique, cette nouvelle vigueur promise à un avenir radieux. Depuis la Révolution, par son entrain laborieux il se confond avec l'ensemble des travailleurs qui renouvellent, par leurs gestes silencieux, quelquefois colorés, les évidences politiques et confèrent à la vie en société la clarté d'un destin commun. L'équivalence du prolétariat et du peuple est scellée par la longue nuit du travail sans laquelle aucune lumière ne peut apparaître. Il suffit de lire Lamennais en 1838 pour s'en convaincre : « Tous ceux qui se fatiguent et qui peinent pour produire et répandre des productions, tous ceux dont l'action tourne au profit de la communauté entière, les classes les plus utiles à son bien-être, les plus indispensables à sa conservation, voilà le peuple. Ôtez un petit nombre de privilégiés ensevelis dans la pure jouissance, le peuple c'est le genre humain. »[1] Un tel énoncé ne se

1. *Le livre du peuple,* Paris, Pagnerre, 1838, p. 34, cité par Marie-Claude Blais, *La solidarité. Histoire d'une idée,* Paris, Gallimard, 2007, p. 61.

Cités 35, Paris, PUF, 2008

veut pas seulement un constat : le peuple, ce sont les travailleurs, ceux dont le travail a valeur de bienfait pour la communauté entière ; il est également performatif : le peuple doit réaliser l'unité du genre humain et en tant que tel il doit être composé de travailleurs et non de jouisseurs. Les jouisseurs dissolvent le genre humain, les travailleurs lui redonnent vigueur en créant les conditions d'une vraie solidarité. Lamennais propose sur la base de la valorisation du travail une réconciliation des bourgeois et des prolétaires dont les intérêts se rejoignent puisqu'ils entrent au service les uns avec les autres de la communauté. On peut s'étonner à plus d'un titre de la description de Lamennais. La réconciliation des bourgeois et des prolétaires s'inscrit dans une valorisation sans précédent de l'idée de travail : ce dernier qui est sanctionné par la sainte fatigue des corps des travailleurs contribue au développement de la valeur sociale et morale de la solidarité[1]. L'idée de peuple servie par le référentiel large du travail annule les conflits entre prolétaires et bourgeois au profit de l'unité du genre humain qui ne peut s'accomplir que dans le genre social du travail. *Tous au travail* peut alors apparaître comme un mot d'ordre d'époque qui accrédite l'idée de peuple comme référentiel incontournable du genre humain. La description produite par Lamennais souffre d'une équivalence entre vie sociale et vie morale qui n'a cessé, sous des formes différentes, d'être réitérée dans l'écriture de l'histoire de la vie sociale dont le centre de gravité est le concept de solidarité[2]. Elle souffre également d'une apologétique du peuple qui met en cause la division apparente entre classes sociales.

Dans cette perspective, peut-il exister réellement un prolétariat ? Rien n'est moins sûr car le prolétaire surgit dès lors qu'il prend conscience de ce qui le sépare du bourgeois, dès lors qu'il acquiert la conviction qu'il n'existe pas, en acte, une unité du genre humain. Le prolétaire, c'est ainsi celui-là même qui ne se laisse pas solidariser aisément, du moins si l'on se situe non plus dans le discours réformiste de la solidarité mais dans le discours critique que Marx adresse aux utopistes comme Saint-Simon, Fourier ou Owen dans *Le Manifeste du Parti communiste* de 1848 : la réalité de la lutte des classes ne saurait disparaître dans l'unité postulée du

1. Marie-Claude Blais, *op. cit.*, p. 61.

2. Cette dimension morale du concept social de solidarité est souvent occultée dans les analyses touchant à la solidarité. Voir par exemple Jacques Donzelot, *L'invention du social,* Paris, Le Seuil, 1994.

genre humain qu'est le peuple. Bien plus, elle la remet en cause – et, avec elle, toute la possibilité d'une harmonie sociale établie.

De 1838 à 1848, ce qui change, c'est le sens du regard porté sur le travail. Là où Lamennais croit percevoir l'unité organique du peuple à même les forges bouillonnantes, les usines enfumées et les préoccupations marchandes, Marx isole le syntagme « travailleurs » et lui confère l'évidence d'une réalité polémique que le concept de prolétariat réalise à même la lutte des classes qui le constitue. Il est possible de comprendre ce changement de regard comme un effet de réalité, le retour d'une singulière opiniâtreté de ce qui persiste comme scandale social. La description par Eugène Buret de la misère sociale en France et en Angleterre[1], le scandale persistant de la pauvreté nullement annulé par la démultiplication des formes de travail ont raison de la belle unité organique décrite par Lamennais.

Deux lignes de pensée, hétérogènes, s'efforcent dès lors de penser la vie sociale à l'intersection du travail et de la misère sociale.

Une première ligne, réformiste, maintient l'unité du peuple et par suite du genre humain dans le travail et souligne la nécessité de l'entraide aux plus démunis comme un cas d'école d'une solidarité économique et morale plus vaste, englobant les ouvriers et les patrons : l'histoire de la solidarité se trouve scellée sur des bases qui ne cesseront d'être amplifiées et systématisées jusqu'à l'ouvrage *princeps* de Léon Bourgeois de 1896 : *De la solidarité,* qui pourra s'attacher à préciser l'entre-appartenance des hommes à une même humanité dont l'existence leur est antérieure et dont il importera dès lors de voir quelle est la dette sociale qui en résulte pour chaque individu dans son rapport à l'Humanité prise comme ensemble générique. « Dès que l'enfant, après l'allaitement, se sépare de sa mère et devient un être distinct, il est un débiteur ; il ne fera pas un pas, un geste (...) sans puiser dans l'immense réservoir des utilités accumulées dans l'humanité. »[2] L'humanité n'est plus seulement celle des vivants ; elle devient, de manière plus archaïque encore, dès le surgissement d'un vivant, celle des morts, celle des prédécesseurs dont les vivants sont redevables. Le travail unifie l'unité synchronique du genre humain mais il réactualise de manière plus significative encore son unité diachronique. Au sein d'une telle humanité ainsi étendue jusqu'à ceux qui ne sont plus,

1. Eugène Buret, *De la misère des classes laborieuses en Angleterre et en France,* Paris, Paulin, 1840.
2. *De la solidarité,* Lille, Presses universitaires du Septentrion, 1998, p. 44.

les miséreux doivent trouver pleinement leur place grâce à des actes de solidarité significatifs qui confèrent des « propriétés sociales » aux individus qui ne sont pas socialement propriétaires[1] et qu'il revient à l'État d'actualiser, conformément à la Déclaration des droits de l'homme de l'an I du 23 juin 1793 selon laquelle « les secours publics sont une dette sacrée » dans la mesure où « la société doit la subsistance aux citoyens malheureux, soit en leur procurant du travail, soit en assurant les moyens d'exister à ceux qui sont hors d'état de travailler » (art. 21).

Une seconde ligne, critique, dissout l'unité du genre humain dans l'expérience du travail. Non seulement le travail ne raccorde pas les hommes les uns aux autres sous l'unité fantasmée du peuple, mais encore il ne cesse de diviser : division entre ceux qui ont un travail et ceux qui n'en ont pas, division entre ceux qui ont un travail stable et ceux qui ont un travail précaire, division entre les pauvres et les riches, division enfin entre les formes mêmes de travail selon qu'elles sont manuelles ou intellectuelles, selon qu'elles sont entre les mains des bourgeois ou celles des prolétaires. Ces divisions retournent la vie sociale vers une négativité que non seulement elle ne peut pas éliminer, mais qu'elle suscite aussi. Le critère de la vie sociale n'est plus la stabilisation produite par le travail mais l'irréductible instabilité qu'il engendre en permanence du fait de la logique productive à laquelle il est désormais attaché. Dans cette seconde histoire, non plus de la positivité sociale mais de la négativité sociale, il est certain que la référence au prolétariat a joué un rôle cardinal – et, avec elle, l'analyse de la lutte des classes qui la sous-tend. Marx peut, en effet, faire apparaître le mode d'existence du prolétaire en le désignant comme un mode d'existence par essence problématique, non raccordable, autrement qu'en termes d'exploitation, aux formes hégémoniques de la vie sociale : est prolétaire celui qui n'a pas d'autre possibilité que de flotter dans la vie sociale mais dont le mode d'être est requis dans le développement des formes sociales. Cet état de flottaison en fait un surnuméraire potentiel comme les analyses de Marx l'ont souligné avec vigueur quand il évoque dans le chapitre XXIII du livre I du *Capital* « la production d'une surpopulation relative » ou encore « le désengagement d'un certain nombre de travailleurs »[2]. Le

1. Robert Castel, Claudine Haroche, *Propriété privée, propriété sociale, propriété de soi,* Paris, Fayard, 2001, chap. II : « La réhabilitation des non-propriétaires ».

2. Karl Marx, *Le Capital,* livre I, septième section, chap. XXIII, Paris, PUF, coll. « Quadrige », 1993, p. 713.

processus de division est ici pensé à même la précarisation nécessaire du travailleur, processus dont le développement des structures économiques contraint à défaire le lien d'inhérence du travailleur à la société que le travail lui permettait d'établir partiellement. En travaillant, le travailleur se soumet à sa possible éjection du contrat social dont Marx souligne les limites radicales en établissant le caractère nécessaire de la concurrence entre les travailleurs du fait de la pression accrue du capital sur le travail. Encore cette éjection ne le situe-t-elle pas au-dehors de la vie sociale, individu devenu dangereux car nuisible, nuisible car potentiellement devenu hostile ; elle le maintient au contraire à la limite de la vie productive sous la forme d'une « armée industrielle de réserve » qui peut être convoquée selon les besoins de la production. C'est dire que l'errance du travailleur dans le contrat social est la condition même de réalisation du contrat économique qui désormais le construit de part en part. L'existence sociale ne se découvre contingente que pour autant que cette contingence est nécessaire au développement des forces productives : « La surpopulation relative est ainsi l'arrière-plan sur lequel évolue la loi de l'offre et de la demande en travail. »[1] Avec Marx, l'individu négatif dont l'existence est socialement mise en cause[2] entre en jeu comme condition du nouveau monde social. Si, comme le souligne Serge Paugam, il importe de comprendre que la « surpopulation » fait pression en retour sur la population des travailleurs stabilisés et que cette pression est « particulièrement forte dans les périodes de stagnation » ou de chômage[3], cette pression vaut comme facteur de concurrence entre les travailleurs dont la division est nécessaire au développement du capitalisme. Le prolétaire surgit alors comme la restauration d'une unité possible entre les travailleurs, non plus entre les travailleurs et les bourgeois, mais entre la « population » et la « surpopulation relative » des travailleurs. En ce sens, le prolétaire n'est pas seulement celui qui flotte dans la vie sociale du fait de l'hégémonie des nouvelles structures de production mais il est celui qui accède à une conscience de soi, de son état social, amenée à son état paroxystique par la prise de conscience révolutionnaire. C'en est alors fini de l'évidence de l'unité programmée du

1. *Ibid.*, p. 35.

2. Sur l'individu négatif, se reporter à la conclusion du livre de Robert Castel, « L'individualisme négatif », *Les métamorphoses de la question sociale*, Paris, Fayard, 1995. Marx n'est cependant pas convoqué dans l'analyse de l'individualisme négatif par Robert Castel.

3. Cf. Serge Paugam, *Les formes élémentaires de la pauvreté*, Paris, PUF, 2005, p. 34.

genre humain sous la catégorie idéalisée de peuple[1] (celle-ci sera seulement maintenue dans la transformation que lui imposera le communisme) mais ce n'en est pas fini de l'unité du peuple repensée comme unité des travailleurs qui bascule du côté de la classe prolétaire comme seule classe organiquement populaire. Le prolétaire en vient dès lors à désigner une nouvelle valeur pour le peuple : il lui confère la consistance d'une expérience sociale portée à la conscience de soi, selon la double structure de l'exploitation et de la conscience de sa subordination.

II. TROIS « PERSONNAGES EN QUÊTE D'AUTEUR »

Il convient de jeter un regard historique sur l'avènement du prolétaire. Non pas que celui-ci ait nécessairement disparu comme beaucoup aiment à le dire comme s'il avait subitement troqué son habit de misère l'enfonçant dans les bas-fonds des villes pour un habit lui conférant la certitude d'appartenance à une classe moyenne désormais à penser comme l'événement ultime de notre modernité. Non pas que celui-ci, également, ne soit apparu avec Marx et ses contemporains et ne se soit révélé à l'occasion de ce diagnostic théorique. Dès qu'il existe des êtres privés de la part sociale minimale qui leur confère la possibilité d'une existence par soi et dès que cette privation est imputable à des structures de production, la référence au prolétaire semble pouvoir se légitimer par-delà mais aussi en deçà du diagnostic posé par Marx. Pour autant, les mots par lesquels sont désignées les expériences sociales des démunis ne se contentent pas d'étiqueter ou d'objectiver un état de fait ; ils le constituent partiellement dans une relation nécessairement instable mais toujours possible entre la connaissance et l'expérience, le concept et l'état de choses. Si s'interroger sur cette relation excède les portées de ce texte, il importe d'en tirer toute la signification quant à la question du prolétaire. Il doit être possible d'indiquer, d'un côté, en se référant aux expériences, qu'un sens du prolétariat peut toujours être réactualisé dès lors qu'une part est faite aux subalternes, aux « sans-part » : puisque le prolétaire n'est pas seulement l'être exploité mais celui qui accède à la conscience de soi dans la conscience de l'exploitation,

1. Sur les ambiguïtés philosophiques de la notion de peuple, lire l'ouvrage de Gérard Bras, *Les ambiguïtés du peuple,* Nantes, Pleins feux, 2008.

il vaut comme force politique et non plus seulement comme constat sociologique ; le prolétaire peut alors être le nom donné à « la politique quand il y a une part des sans-part, une partie ou un parti des pauvres »[1]. Il doit être également possible, d'un autre côté, en se référant aux connaissances, de se demander pourquoi cette part des « sans-part » a précisément pris le nom, à un certain moment, de « prolétaire ». Il n'est alors pas inutile de souligner, prenant sens sur fond de vies ordinaires et anonymes quotidiennement (mais chaque fois historiquement) dévaluées comme vies sans voix ou sans-part, quelle modification théorique la qualification du « sans-voix » ou du « sans-part » en termes de « prolétaire » a fait porter par rapport à l'ancien terme de « gueux » et quelle différence est désormais portée par la nouvelle qualification émergente de « précaire ». Ces réseaux de qualification appartiennent à l'Histoire et s'en échappent tout autant[2] : ils dessinent une histoire des concepts sociaux enchevêtrée à l'histoire des luttes sociales et des expériences qui s'y rapporte mais qui s'en dégage aussi partiellement, histoire dans laquelle chaque concept peut s'autoriser de rapprochements avec des concepts voisins et s'en distancer aussi. D'un côté, le gueux, le prolétaire et le précaire semblent relever d'un même auteur improbable qui leur aurait conféré leurs lettres de malédiction et les aurait noués dans une même ronde des sans-part ou des sans-voix ; de l'autre côté, le gueux, le prolétaire et le précaire annoncent trois traitements différenciés de la question sociale du côté des sans-voix ou des sans-part. Si le prolétariat se réorganise aujourd'hui en précariat, c'est bien parce que la structure d'exclusion qui situait les gueux aux marges les plus extrêmes de la vie sociale a aujourd'hui refait son apparition sous des formes renouvelées. Avec eux la question sociale se laisse repenser du côté de l'individu négatif[3]. La structure d'inclusion-exclusion faisant corps avec le gueux, rejouée sous d'autres formes avec le prolétaire et le précaire, tend alors à être réactualisée. Pour autant, il serait en partie illusoire de ne voir qu'un individu caché indifféremment sous les masques du gueux, du prolétaire et du précaire. Avec eux la question sociale ne peut manquer de se laisser déterminer de manière différenciée : le gueux, le prolétaire et le précaire sont bien trois individus négatifs irréductibles qui, certes, révèlent – sous le discours sociologique qui solidifie les normes de la vie sociale à

1. Jacques Rancière, *La mésentente*, Paris, Galilée, 1995, p. 31.
2. Comme les soulèvements chez Foucault.
3. Robert Castel, *Les métamorphoses de la question sociale, op. cit.*, p. 461-474.

force d'insistance sur les formes de l'intégration, les attendus de l'incorporation – la fragilité des normes sociales qui ne parviennent à retenir qu'en mettant à la marge toute une population ; mais le gueux, le prolétaire et le précaire n'en appartiennent pas moins à trois histoires différenciées du social, faisant apparaître une histoire des limites sociales par lesquelles une société procède au geste concomitant de l'inclusion et de l'exclusion. « On pourrait faire une histoire des *limites,* de ces gestes obscurs et oubliés dès qu'accomplis, par lesquels une culture rejette quelque chose qui sera pour elle l'Extérieur. »[1] Le gueux, le prolétaire et le précaire annulent la possibilité de la cohérence sociale, tout comme le fou est celui qui annule la raison et maintient le blanc de l'absence d'œuvre à même la limite qui le destitue comme fou et le situe à l'extérieur de l'espace des œuvres humaines. La forme organique du peuple rêvée par Lamennais est désorientée par le maintien d'une « structure tragique » dans l'univers réglé des formes sociales. Ainsi existerait-il une double histoire des limites, une histoire des limites qui produisent le rejet et une histoire des limites qui produisent de la marge. Si Foucault a largement exploré la première, en s'intéressant à la folie et à la délinquance, la seconde a fait davantage l'objet d'un traitement sociologique[2]. Une histoire du rejet n'est pas une histoire de la marginalité sociale. Sur ce second versant, il est intéressant d'indiquer une série de points de basculement dont les noms de « gueux », de « prolétaire » et de « précaire » sont non pas les symptômes mais les opérateurs théoriques et pratiques.

Le gueux, le prolétaire et le précaire ne sont pas trois noms donnés au hasard, en quête d'auteur, mais ils s'inscrivent chacun dans une niche écologique particulière dont les directions sont données par l'expérience du travail, d'un côté, et par le discours théorique qui appréhende la marge sociale, de l'autre côté. Côté expérience du travail, il est certain que les conditions de travail ne sont plus les mêmes entre le gueux, le prolétaire et le précaire. La signature du gueux est celle du travail forcé, celle du prolétaire vaut pour le travail libéralisé parce que contractualisé, tandis que

1. Michel Foucault, « Préface », *Folie et déraison. Histoire de la folie à l'âge classique,* Paris, Plon, 1961, in *Dits et écrits,* Paris, Gallimard, 1994, t. I, p. 161.

2. On peut citer notamment, sur la question sociale, les livres fondateurs de : Karl Polanyi, *La grande transformation. Aux origines économiques et politiques de notre temps,* Paris, Gallimard, 1983, pour la traduction française ; Bronislaw Geremek, *La potence ou la pitié,* Paris, Gallimard, 1987, pour la traduction française ; et Robert Castel, *Les métamorphoses de la question sociale,* Paris, Fayard, 1995.

celle du précaire prend sens sur fond d'un travail qui vient à manquer. Tous trois sont acculés à la pauvreté quoique de manière différente. Le gueux est pauvre dans une société de pauvres tandis que le prolétaire et le précaire sont pauvres, dans une société qui marche de plus en plus à la richesse. Surtout la pauvreté a le sens d'une inclusion problématique car le gueux, le prolétaire et le précaire sont inclus dans la société en tant qu'ils sont à la marge, en tant que précisément leur marginalité est leur mode d'inclusion. Si Robert Castel a raison d'englober cette inclusion paradoxale sous le concept de « désaffiliation » plutôt que d' « exclusion » pour désigner précisément le processus social comme un processus également désintégrateur[1], il reste que cette désaffiliation n'a pas la même signification en fonction du référentiel que son analyse pratique et théorique constitue. Si l'idée de la stabilité sociale doit être remise en question par une attention aux « surnuméraires » d'autrefois, de naguère et d'aujourd'hui »[2], il importe de comprendre que l'idée même de surnuméraire ne s'est mise à exister véritablement qu'avec l'apparition du prolétaire, véritable personnage surnuméraire analysé par Marx. L'invention du prolétaire correspond précisément à l'invention d'une « armée de réserve » dont le statut social ne peut être que flottant, faisant basculer la structure sociale de l'inclusion pure à un régime d'inclusion-exclusion que le précaire viendra faire rejouer en le réorientant sur un nouveau pivot théorique et pratique, celui de la souffrance sociale. Dans cette apparition du surnuméraire, la pauvreté en est venue à être progressivement délégitimée.

III. LE PAUVRE, LE MISÉRABLE ET LE SOUFFRANT

Qu'est-ce que le gueux, en effet, si ce n'est encore le pauvre légitime que le discours du paupérisme maintient dans la légitimité de sa pauvreté en s'attachant à le distinguer de son ombre mortelle, produite par le mauvais pauvre, celui qui est pauvre non pas parce qu'il travaille mais parce qu'il ne veut pas travailler ? Certes entre le pauvre travailleur glorieux et le pauvre non-travailleur honteux désertant le travail il y a une place médiane dont il faut pouvoir avérer la valeur réservée au pauvre qui ne peut pas travailler. Les *Mémoires sur le paupérisme* de Tocqueville s'ef-

1. Robert Castel, *Les métamorphoses de la question sociale, op. cit.*, p. 15.
2. *Ibid.*, p. 16.

forcent de discerner ces trois figures du pauvre pour mieux analyser la logique d'assistance (et ses périls) qui prend soin du pauvre privé malgré lui du travail (par une maladie, un handicap, etc.). Tocqueville analyse les mutations du travail (effacement du travail agricole, développement du travail industriel) qui risquent d'avoir raison des formes classiques d'assistance et surtout de la logique de sédentarisation qui prévalait sur toutes les formes de travail saisonnier ou nomade. Ainsi la légitimité du gueux au travail tend-elle à s'effacer au moment où le monde bascule vers de nouvelles formes de travail qui jettent les femmes et les hommes sur la route, les transportent au gré des gisements industriels de travail. Le prolétaire surgit ainsi comme un gueux qui a perdu toute relation d'inhérence à un milieu de travail du fait des nouvelles formes de développement de l'industrie et dont le mode d'être n'est plus légitimé par la forme même du travail, précisément parce que le travail, comme l'a analysé Marx, vaut comme facteur profond de division et de concurrence, au point que le prolétaire est soit le pauvre travailleur qui fait tout pour garder son travail, soit le pauvre exclu momentanément du travail qui fait tout pour en retrouver. Ce qui a changé, ce sont donc deux choses. Du côté des pratiques, la relation d'inhérence au travail ne vaut plus, alors même que la forme du travail s'est, en tant que contrat, libéralisée : le prolétaire est un gueux délégitimé. Du côté des formes de problématisation, l'illégitimité du prolétaire est nouée à la critique des structures économiques et sociales qui l'engendrent : le prolétaire est un gueux conscient d'être délégitimé. Le discours théorique qui accompagne le prolétaire n'est plus le discours moral et social qu'engendre le paupérisme, mais le discours critique qui nomme l'illégitimité du mal social dont souffrent les prolétaires sous le terme de « misère ». Il suffit de se reporter aux livres d'Eugène Buret[1], de Louis-René Villermé[2], d'Engels[3] et, bien sûr, de Marx pour comprendre que le prolétaire n'est pas seulement cet être appauvri malgré son travail, mais cet être surnuméraire qui est acculé à la misère de condition, laquelle naît des contradictions objectives d'une époque, et qui peut néanmoins se constituer depuis la force éruptive de la conscience de soi qui l'engendre

1. Eugène Buret, *De la misère des classes laborieuses en France et en Angleterre,* Paris, Paulin, 1840.

2. Louis-René Villermé, *Tableaux de l'état physique et moral des ouvriers employés dans les manufactures de coton, de laine et de soie,* Paris, Jules Renouard, 1840.

3. Friedrich Engels, *La situation de la classe laborieuse en Angleterre,* Paris, Éd. Sociales, 1975.

en le nommant « prolétaire ». Là où le gueux est rendu invisible par le non-savoir dont il est l'objet, véritable blanc dans l'ordre des discours, le prolétaire, à force d'être délégitimé par le type d'exploitation qui s'en empare, se reconstitue comme sujet critique par le diagnostic produit par le savoir critique dont il est l'objet (et dont il est également l'auteur), par-delà la dispersion entre des modes d'être du travailleur (selon qu'il a du travail, qu'il en est momentanément privé...). Le prolétaire vaut alors comme subjectivité rétive, adossé à un savoir critique qui le constitue comme subjectivité rétive.

Quelle modification est entraînée par l'apparition du terme de « précaire » ? Certes celui-ci surgit dès le livre d'Eugène Buret de 1840, *De la misère des classes laborieuses en France et en Angleterre*. Le terme n'est donc pas plus récent que celui de « prolétaire ». Comme lui, il évoque également une population de travailleurs superflue, renvoyée à un zonage imposé, avec des moments de chômage qui alternent avec des périodes de travail. Le terme de « précarité » s'adosse à l'expression d'« insécurité sociale » dont l'origine est, comme le signale Robert Castel à propos de Buret, la nouvelle organisation du travail[1]. « Ces populations de travailleurs, écrit Buret, de plus en plus pressées, n'ont pas même la sécurité d'être toujours employées ; l'industrie qui les a convoquées ne les fait venir que lorsqu'elle a besoin d'elles et, sitôt qu'elle peut s'en passer, elle les abandonne sans le moindre souci. »[2] Dans cette assignation à l'errance sociale, le précaire redouble le prolétaire et, en même temps, s'en détache. Comme individu négatif, le précaire, n'est plus arrimé à la critique sociale comme l'est le prolétaire. Surtout il n'est plus un peuple, une multitude qui peut être organisée et fédérée. Si le prolétaire peut encore faire surgir le versant noir de la disqualification et le réexpédier à son destinateur social, le précaire étant potentiellement « nulle part », étant désarrimé de tout lieu social, y compris des lieux de la critique, se voit individualisé comme individu purement négatif, constitué par cela même qui le nie, la souffrance. Là où le gueux vaut comme pauvre, là où le prolétaire vaut comme misérable, le précaire s'impose comme souffrant. L'invisibilité du gueux qui avait été annulée par la voix critique du prolétaire hante à nouveau le précaire. Seulement l'invisibilité du gueux était en rapport avec la natura-

1. Robert Castel, *Les métamorphoses de la question sociale, op. cit.*, p. 220.
2. Eugène Buret, *Misère des classes laborieuses en France et en Angleterre, op. cit.*, t. I., p. 68 ; cité par Robert Castel in *Les métamorphoses de la question sociale, op. cit.*, p. 220.

lisation de son placement au plus bas (le serf, par exemple), le vouant à l'effacement hors de tout savoir alors que l'invisibilité du précaire est en rapport avec la difficulté de lui assigner une place : situé dans l'entre-deux de l'état d'inclusion et de l'état d'exclusion, le précaire est celui qui peine à être retenu du fait de son effacement de toutes les places sociales stabilisées[1]. Avec lui, la question sociale prend un nouveau tour. Du côté des pratiques, le travail s'impose comme le signe dominant de la normalité sociale alors même que sa réalité est de plus en plus problématique[2]. Du côté des formes de problématisation, le précaire est analysé comme un souffrant total dont la fragilité est démultipliée sur le plan social, mental et corporel[3]. Ainsi, du pauvre au misérable et au souffrant, peut s'accomplir sinon la marginalisation du discours critique sur la pauvreté (soutenue par la figure du prolétaire), du moins l'émergence d'un discours alternatif, psychosocial, sur la sécurité et l'insécurité sociale (soutenue par la figure du précaire). C'est que le discours critique est désormais moins l'économie politique qu'un nouvel ordre des discours qui analyse la souffrance sociale en rapport avec la souffrance psychique et peut ainsi créer la catégorie d'un individu entièrement négatif.

S'il est vrai qu'une culture rejette quelque chose qui sera pour elle l'Extérieur, il faut également souligner qu'elle ne cesse de créer des marges qui sont pour elles moins l'Extérieur que le Différent que tout à la fois elle suscite et révoque. Comprendre comment ces deux figures de la limite communiquent est aujourd'hui l'une des tâches majeures de la philosophie.

1. Je me permets sur ce point de renvoyer à mon livre, *Vies ordinaires vies précaires,* Paris, Le Seuil, 2007.
2. Lire sur ce point Yves Clot, *La fonction psychologique du travail,* Paris, PUF, 2006.
3. Lire par exemple le livre de Christophe Dejours, *Travail usure mentale,* Paris, Bayard, 1993.

Misère du Républicain

Gérard Huber

C'ÉTAIT HIER

En 1966, l'Internationale situationniste / IS avait impulsé une nouvelle définition de la misère :

> « De par sa situation économique d'extrême pauvreté, l'étudiant est condamné à un certain mode de survie très peu enviable. Mais, toujours content de son être, il érige sa triviale misère en "style de vie" original : le misérabilisme et la bohème. »

La « misère » était certes économique, mais plus profondément, si l'on peut dire, elle était surtout narcissique. Car ce qui lui donnait sa pulsion, c'était, chez les étudiants, la tranquille acceptation de la vexation d'avoir à subir la toute-puissance de la société bourgeoise qui ignorait superbement la blessure qu'elle leur infligeait quotidiennement. Ils avaient des droits, mais leur situation était pire que celle d'objets de charité. Ils étaient, en effet, assujettis. Certes, ces « héritiers » étaient divertis par la « peoplelisation » montante des acteurs et chanteurs de la « nouvelle vague », mais ils n'en vivaient pas moins ce divertissement aussi comme un détournement. Les grandes causes politiques intervenaient alors comme une scène imaginaire de revendication de la « génération future » sur laquelle elle pouvait non seulement dire son mot sur les affaires du monde, mais encore tenter de l'orienter dans un sens opposé à celui que les décideurs traçaient dans la fureur de l'aliénation des « Trente Glorieuses », de la dissuasion nucléaire et des guerres postcoloniales.

Or l'agitation politique ne suffisait pas à donner aux étudiants le sentiment d'être. Encore fallait-il une agitation émotionnelle, une volonté de catharsiser le misérabilisme et la bohème en rompant avec l'être « toujours content de lui-même » que, dans leur détresse identitaire, notamment sexuelle, ils étaient. C'est ainsi que l'explosion de joie de vivre succéda à l'auto-éducation au déplaisir.

Par la suite, ceux qui, parmi eux, avaient l'âme du meneur de foule ont accédé aux postes de commande de la société et, dans un même mouvement, ils ont refoulé leur misère narcissique devenue puissance. Du désir, cette génération est alors passée à un *acting* perpétuel, normé par la seule pulsion auto-érotique qui suit les à-coups violents de la logique calculante de la technique qui alors se déployait. Il n'y avait désormais plus que de l'acte. La dépense du désir s'est mise à fuir et la perspective d'un travail psychique à venir a pesé sur elle comme une épée de Damoclès à laquelle elle préférait l'aventure de l'improvisation. L'enfant et le sexe sont devenus des objets à l'intérieur de projets biopolitiques, fondés sur la prise au sérieux du fantasme de toute-puissance. Une nouvelle prolétarisation, sans précédent, s'est mise en place. Ce n'était plus une caste de la société qui devait justifier son existence par ses enfants (étymologie de *proletarius*) ; c'était chaque membre de la société qui se devait, pour être à la hauteur des droits dont il était titulaire, de se déterminer vis-à-vis non de l'enfant, mais du projet d'enfant. L'enfant était devenu un artefact.

D'où les effets sur leurs « héritiers », la génération montante actuelle, que révèle leur non-implication actuelle dans les débats dits éthiques sur la reproduction clonale à laquelle ils vont pourtant avoir affaire, d'ici quelques années.

LE NOUVEAU BESOIN DE « PEOPLELISATION »

Il est vrai que le clone leur est une figure familière. Car la blessure narcissique qui leur a été infligée est d'avoir été « approjettis » (Jean-Paul Karsenty[1]). Ce qu'ils voient désormais dans le regard de la génération précédente (je ne dis pas de *leurs* parents, car je laisse ici de côté la question du rapport personnel), ce n'est pas un sujet, mais un objet dans un

1. Économiste, Centre Alexandre-Koyré. Je ne saurais préciser tout ce que cet article doit aux échanges que j'ai eus avec Jean-Paul Karsenty.

projet. Leur difficulté générationnelle est de se libérer de cette chaîne, de s'arracher à ce regard, pour retrouver les marques et la sensibilité de ce qu'ils sont et n'ont, de fait, jamais cessé d'être : des sujets, dès le désir de leurs parents. D'où leur adhésion (au sens d'« adhérence ») à la « peoplelisation » qui a cessé d'être un divertissement et s'est installée comme une trajectoire, un aller simple, un *one shot,* une histoire sans fin, une *imago.* La « peoplelisation » est une chape de béton qui est scellée, femmes et hommes confondus, et quoi qu'ils en aient, sur la matrice du désir. Ce stade de la démocratie est fondamentalement totalitaire, en ce qu'il fait vivre les jeunes comme une foule compacte. Il ne s'agit plus de l'homme unidimensionnel décrit par Marcuse, mais d'un homme-foule évoluant dans un lieu-monde (maison, école, village, ville, lieu de vacances...).

LE FLOU DU RÉPUBLICAIN

Dans un tel contexte, comme l'acteur principal dans *Deconstructing Harry* de Woody Allen, le Républicain est devenu flou. *Mutatis mutandis,* en France, quarante ans après Mai 68, la misère narcissique est de retour, mais elle ne concerne pas que le style de vie estudiantin (d'ailleurs, de misérable, l'étudiant d'aujourd'hui est devenu misérable et pauvre). La misère est républicaine. Car c'est comme ensemble de citoyens « peoplelisés » que le Républicain trouve normal que, parce qu'ils disposent des mêmes droits politiques et économiques que les possédants, toujours plus de citoyens – de plus en plus jeunes – deviennent des nouveaux pauvres. C'est donc aussi et surtout dans l'effondrement de son narcissisme moral, dans le sentiment de l'effondrement narcissique de l'idéal de justice sociale et dans le sentiment de la perte de la capacité d'indignation que le Républicain vit cette ruine. Une hantise post-œdipienne le tient en respect : la terreur d'avoir à s'affronter à l'effondrement moral que la génération au pouvoir, précipitée vers l'excès, a vécu dans le déni. Si bien que nous pouvons réécrire la déclaration de l'IS en ces termes :

> « De par sa situation politique d'extrême pauvreté, le Républicain est condamné à un certain mode de survie très peu enviable. Toujours mécontent de son être, il érige sa triviale misère en "style de vie" original : le ressentiment et la compromission. »

D'autres diront mieux que moi, dans cette revue, ce qu'il en est du nouveau prolétariat des villes et des campagnes de France, d'Europe et du monde. Mais le psychanalyste que je suis et qui est attaché à l'État de droit (sans lequel il ne saurait y avoir de psychanalyse) et à la République note que c'est dans le narcissisme du citoyen (toutes générations confondues), dans sa manière de vivre la République, que se situe, aujourd'hui, la misère qui lui porte le coup le plus vif.

LA SUBSTITUTION DU « PEOPLE » AU MONDE

Il n'est certes pas difficile de faire croire que cette chute du narcissisme moral n'est l'affaire que des perdants et qu'il devrait suffire à ceux-ci de s'inspirer des gagnants pour se rendre compte qu'ils vivent sur la mauvaise scène de la vie. L'essor de la nouvelle « peoplelisation » a pour but de les convaincre que, s'ils ne sont pas touchés par la grâce de naître sur la bonne scène du corps et du sexe, ils peuvent tout de même y passer, à condition de commencer par consentir à être en guerre avec eux-mêmes – pauvres mannequins – et de ne pas se rendre compte qu'ils y figurent comme la statue de marbre qui se donne les meilleures raisons de tenir, sans mot dire, devant l'abomination de renoncer à soi. Sans quoi ils n'auront qu'à s'en prendre à eux-mêmes, quand leurs corps dépériront, étouffés sous les effluves de la bonne conscience de la réussite et de la mauvaise conscience de l'exclusion. Le message est clair : il s'agit de laisser les perdants enterrer les perdants. Seuls ceux qui – sacrifice suprême – sauront faire le deuil de cette perte gagneront la vie éternelle. Et, s'ils trébuchent, il suffira qu'ils fassent amende honorable, pour mériter la résurrection.

Car aujourd'hui être « people » signifie que l'on ne peut accéder au sentiment d'être qu'en étant « people ». La démesure consiste à prendre l'être du « people » pour l'Être. Il n'y aurait plus d'étant, c'est-à-dire de singularité parmi les autres, qu'en tant que même dont l'autre s'est retiré. Car ce que le « people establishment » nomme « excellence » ne vise pas la performance, mais l'autojustification d'exister. Être, ce serait exceller. D'où l'impérialisme de l'évaluation. Or la performance est toujours une sous-performance et, à ce titre, elle est vécue comme l'indice réel ou probable d'une forme inférieure de l'être. L'ontologie du « people » est donc discriminatoire. La scène du triomphe est la scène du dépit et du ressentiment. Seule l'élimination de tous les autres pourrait donner une consistance à la singularité de l'un. D'où la plongée dans l'absurde dès que surgit le contre-pouvoir. D'où une scène de vie publique sur laquelle tout ce qui a été fait est tenu pour nul et non advenu. D'où la mauvaise foi qui vise à nourrir l'espoir de faire resurgir du néant ce que l'on y a mis, comme si cela résultait d'une initiative prise *ex nihilo*. Et il ne s'agit pas de reconstruire l'Histoire, mais de s'autosuggestionner en se racontant l'histoire d'une fiction qui serait performative.

LE RÉGIME VAMPIRE

Or cette autosuggestion n'a qu'un temps. Le drame actuel est celui du Républicain qui se prend pour objet et qui, dans l'effroi, constate que son amour de soi débouche sur l'exclusion de soi. Il est celui qui ingère toutes les vapeurs des couches de vernis que la statue de commandeur – du pouvoir – ajoute à sa statue intérieure et se donne une identité qu'il croit augmentée mais qui, en fait, se réduit comme peau de chagrin. Il devient ce rien médiatique qui, dans le monde devenu artefact, dévore sans reste les moindres détails de son intimité et se reconnaît dans cet être aliéné qui dissout ce qui lui appartient en propre. Dès lors, il n'y a plus de rapport direct à l'être-républicain, ce qui signifie, en réalité, qu'il n'y a plus d'accès du tout à la République. Certes, c'était déjà l'enjeu à l'époque où Montesquieu revendiquait la séparation des pouvoirs du législatif, de l'exécutif et du judiciaire. Mais depuis que les pouvoirs du multinational, du maffieux, du médiatique, de l'Internet et du biotechnologique s'y sont ajoutés, le vide de la République s'est creusé. Le résultat est que, pour la représenter en son état actuel, il vaut mieux être vide que plein. Ou un « nourrisson ignorant ». La séduction du pouvoir « people » tient essentiellement dans les raisons qu'il donne au Républicain de l'emplir en permanence, lui qui fonctionne comme un puits sans fond. Plus les nouveaux pouvoirs vident le politique au moment même où, dans la bonne conscience, ils prétendent contrebalancer son omnipotence, plus le politique est lancé dans une avidité sans fin de *fast-food* émotionnels et intellectuels dont l'ingestion ne peut calmer la faim. Il n'y a pas de catharsis sur la scène du « people ». Tout le monde y passe, bon gré mal gré, et personne ne contrôle rien. C'est une faim sans amour, si ce n'est de la faim même, qui n'a pour but que de supporter sa propre impossibilité à se calmer. L'amour n'est là que pour donner le change, c'est-à-dire fonder un discours sur l'avouer-faux. D'où le prix à payer : le pouvoir cesse aussi de faire autorité. La durée bergsonienne disparaît, mais l'instant d'éternité kirilovien n'en sort pas renforcé pour autant. Il est lui-même dilué dans une discontinuité de moments que seule l'illusion médiatique fait passer pour un principe de liaison.

SADE AVEC FOUCAULT

Dans ce contexte, l'alternative gaullienne : moi ou le chaos ? qui, comme stratégie du culte de la personnalité, avait produit Mai 68, a cédé la place à l'affirmation d'un chaos originaire dont la misère du Républicain ose encore croire, mais jusqu'à quand, qu'il sera une cause de devenir. La croyance qu'une étoile naîtra du chaos et que l'origine est désormais devant, et non plus derrière, part de la conviction que les temps sont accomplis, que tout a été dit, et qu'il est nécessaire et souhaitable de soutenir tout et son contraire en même temps, parce que, les contraires se neutralisant, ils font passer et repasser le pouvoir que son intime vacance rend pourtant inexistant. Stade du surhomme nietzschéen. Du fait que, malgré la paupérisation croissante des jeunes et des femmes, malgré l'effondrement de l'axe Nord-Sud et malgré les atteintes à l'environnement, le Républicain ne croit plus en la différenciation sexuelle, économique ni même existentielle, le grand homme est celui dont le moi est capable de faire porter le poids de sa propre vacuité par le monde, en contraignant son environnement à faire la preuve que, lui qui pourtant existe, n'en continue pas moins d'exister. Au prix du sadisme moral, s'il le faut. Et, pour un tel régime de croisière, il le faut, puisque la folie privée a gagné le droit de devenir publique. Non plus Kant avec Sade, mais Sade avec Foucault ! Ce retournement s'inscrit ici dans le cadre de la tournée en dérision du travail, de la culture, de la création et de la science, cette conséquence inéluctable d'une éducation démocratique livrée à l'endoctrinement médiatique, le *in medio* du double effacement technique du Père et de la Mère, qui les consomme comme miettes. C'est pourquoi la critique n'est plus tolérée, non parce qu'elle puiserait dans les arrière-mondes que la pensée exsangue a vite fait de discréditer comme autant d'utopies *has been,* ayant soit entraîné le pire, soit le rien, mais parce qu'à l'intérieur de soi, dans son désert intime, celle-ci s'y confronte en permanence dans l'accablement et le désarroi d'avoir à subir le sentiment d'une obligation à se reconstruire sur le plan symbolique.

La différence avec la misère estudiantine d'avant Mai 68 tient dans le fait que la misère républicaine n'est pas contente d'elle-même. Ce que dissimule la « peoplelisation ». Partout le ressentiment et la compromission battent leur plein. C'est une conséquence de l'effondrement du narcissisme moral qui maintenait l'illusion du « grand homme » que chacun pouvait être, au service d'une cause vraie. Notre regard se tourne alors vers les nouveaux Samaritains, les stars américaines qui, laissant loin derrière elles les starlettes européennes, ont, au cours des cinq dernières années, investi de « grandes et nobles causes » économiques, humanitaires, antimilitaristes et au service des droits de l'homme. Et il est un fait que les règlements de compte entre volontés politiques et volontés médiatiques vont bon train. Mais, plus que contre l'économie politique, l'économie psychique du narcissisme médiatique est en lutte contre elle-même et déploie, aujourd'hui, un immense effort pour restaurer la figure du « grand homme » anéantie par le politique. Elle abîme cela même qu'elle tente de réparer, elle aliène ceux-là mêmes qu'elle tente de libérer.

Il s'agit de faire échec à la représentation. Nombre de femmes, d'hommes et d'enfants sont bel et bien engagés, ici et là, dans des actes de solidarité plus ou moins intenses, plus ou moins nombreux, qui dépassent leur immédiat horizon de vie, mais ils sont en lutte contre un jugement qui tient la solidarité comme extérieure à l'autorité. Pour lui, la solidarité n'est jamais que la somme non faite et à ne pas faire (à ne pas dire) d'innombrables actes individuels dont il tolère la manifestation uniquement parce qu'il ne veut pas que le couvercle s'arrache soudainement ni puissamment du chaudron de la misère économique et de la pauvreté sous le coup de barricades à venir autrement plus violentes (ce qui n'est pas peu dire) que celles de Mai 68.

Le ressentiment du Républicain tient dans la croyance que c'en est fini, pour le moment, des combats qui trouvent leur noblesse dans le fait de s'imposer par eux-mêmes. Désormais, ils doivent être « peoplelisés ». Sans la « peoplelisation », ils n'existent pas et donc il n'y a pas non plus de déni de réalité. La bonne conscience « people » tient dans le fait de faire croire que, sans la construction de la star en acteur incontournable de la charité, la solidarité déserterait ce monde désormais livré à la barbarie. L'opulence pour empêcher le néant. Cette croyance se raconte donc que c'est le « people » qui réintroduit de la morale dans un monde de Sodome et Gomorrhe auquel il n'a pris aucune part.

Or, si l'inhibition de la violence est couplée avec la mise en spectacle de la résignation devant le grand essor de la pauvreté, la vraie question est celle d'une expression de l'indignation et de la révolte devant l'avouer-faux qui ne se traduirait pas par la violence. Les récents affrontements dans les banlieues montrent que le Républicain moderne n'a pas encore répondu à cette question. Sans quoi ces émeutes n'auraient jamais eu lieu. Au demeurant, si le fait que la violence se déchaîne contre les institutions de la République est inacceptable, c'est bien parce qu'elle indique clairement que son ennemie est la République. Il n'y a là qu'une misère anti-républicaine contre une misère républicaine. En réalité, il est bien moins difficile de prendre conscience d'une fausse satisfaction de soi que d'une vraie insatisfaction de soi. La tâche du Républicain est beaucoup plus difficile que celle de l'étudiant d'avant Mai, puisque le Républicain exclut *a priori* de donner une issue violente au légitime sentiment de révolte que son exposition contrainte à la misère narcissique suscite en lui. Il ne s'agit plus seulement de vivre dans « une communauté sans communauté » (Blanchot), mais de faire face à un épuisement du vivre-ensemble auquel l'inculcation politico-médiatique omniprésente oppose la fiction-écran d'un bonheur toujours-déjà-accompli dans la joie et la bonne humeur.

AU-DELÀ DU RESSENTIMENT

Il n'est pas impossible que l'étudiant de Mai ait été sous l'emprise de l'angoisse d'attente d'un monde trop prévisible – ce monde dont l'essence serait de seulement « venir » – accompagné d'un homme incertain – « l'homme probable » – qui dériverait au gré de la pulsion comme un frêle esquif au fil de la cataracte. Et il n'est pas impossible que ce soit à cette angoisse qu'il ait opposé la « révolution politique ». En vain d'ailleurs, puisque le monde qui en est sorti est celui de l'instrumentalisation par de nouvelles normes invisibles, impliquant l'auto-évaluation despotique – fausse – mais permanente et donc l'auto-culpabilisation qui motive la course de vitesse pour combler l'inévitable insuffisance de la performance. D'où, en guise de sursaut, la « révolution éthique » qui n'en finit pas, cependant, de montrer ses limites, lorsqu'il s'agit de mettre fin aux trafics d'organes mafieux, d'empêcher l'équité de remplacer l'égalité, de rendre à la liberté son statut de bien commun qu'elle a perdu au profit de celui de droit, et à la fraternité celui d'une structure qui triomphe des affinités électives.

Et il se peut que la misère du Républicain provienne de l'état de sidération devant l'immaîtrisable dans lequel désormais il se trouve. C'est pourquoi certains en viennent à penser qu'il est temps de reconstruire un contrat social de type rousseauiste ou jaurésiste. Mais croire dans la restauration de ce contrat sans travailler sur le sentiment d'impuissance, sur le ressentiment et sur la banalisation de la compromission avec l'idéologie de l'indifférenciation sexuelle, sociale et existentielle, c'est passer sous silence que la disparition de ce contrat résulte davantage de ces sentiments que l'inverse. C'est vivre comme des « ressentimentaux » qui s'ignorent.

Car les chaînes de la misère narcissique sont les matériaux mêmes dont désormais le Républicain fait son étoffe.

Pour autant, le Républicain de 2008 sait qu'il a honte de lui-même. Il vit tous les jours avec la conscience qu'il accepte là-bas une barbarie qu'il n'accepterait jamais ici et qu'il se déshumanise ici parce qu'il accepte la barbarie là-bas. Il connaît donc la fausse pudeur de son ressentiment et de son esprit de compromission. Et il réagit. Comme récemment à propos du Tibet. Mais le fait que sa réaction a aussi lieu dans le déni du génocide qui sévit au Darfour indique clairement qu'il se laisse dévorer par des fauves politiques et médiatiques d'autant plus incontrôlables qu'ils sont toujours faméliques, même lorsqu'ils ont le ventre plein.

La grande question est donc de savoir si le Républicain s'identifie à l'image spéculaire que ces grands fauves lui renvoient ou s'il poursuit une vie inconsciente qui les produit – fauves et image – comme des symptômes. Auquel cas, le Républicain dispose encore de cette technique – le retournement du gant – qui peut les renvoyer à leur vide, afin de s'emparer de son plein. S'il veut accéder à la réalité, le Républicain doit cesser d'être le paravent des fauves, de leur destructivité intérieure qu'ils ne contrôlent plus et qui leur prescrit leur style de survie.

Société de perte et « peoplelisation »

À propos du nouvel individualisme (dé)possessif

Raphaël Draï

L'idéologie démocratique fait désormais loi sur presque toute la planète. Ce n'est seulement que les régimes totalitaires « classiques » ne soient plus représentés que par Cuba, la Birmanie et la Chine, des régimes en manifeste transition à des échelles de population, bien sûr, incommensurables. L'idéologie totalitaire elle-même est largement démonétisée. Le devoir de mémoire auquel s'astreignent les nations qui ont eu à en pâtir rappelle les impasses et les catastrophes auxquelles elle les a conduites non seulement le temps que ces nations s'y sont adonnées mais longtemps après car il y a, en effet, un après-coup de pareilles catastrophes à dimensions multiples : militaire, politique, économique et humaine. On pourrait objecter qu'au XXIe siècle le monde arabe, pour ce qui le concerne, est profondément travaillé par une autre forme de totalitarisme : le totalitarisme théocratique au nom duquel des sectateurs fanatisés, qui ont transmuté jusqu'au concept « habituel » de violence, voudraient imposer le Coran, tel qu'ils croient le comprendre, au genre humain tout entier. Mais ce même monde est également confronté à l'autre « grande transformation », pour parler comme Polanyi, qui le fait passer, *nolens volens,* d'un néocalifat au multipartisme, au pluralisme des interprétations de la parole divine, à l'égalité civique entre musulmans et non-musulmans, à la modification du statut des personnes dans le sens, notamment, d'une plus grande égalité entre hommes et femmes. Est-il possible de préciser alors au nom de quels intérêts et de quelles valeurs un changement aussi radical s'impose ? Les intérêts et les valeurs qui s'attachent au « libéralisme » ? Si l'on entend éviter les facilités et les pièges du nominalisme, que recouvre exactement cette appellation ?

Ses thuriféraires en font la doctrine qui promeut à la fois la liberté physique, celle des corps en mouvement, avec celle, politique, d'aller et de venir, puis avec la liberté de penser et avec celle d'adopter la confession de son choix, et d'en changer si nécessaire ; également avec la liberté d'entreprendre, de se doter des moyens matériels et financiers permettant de conférer une effectivité incontestable à ses mêmes valeurs. Pourtant les « ennemis », au sens de Popper, d'un tel « libéralisme » ne l'entendent pas complètement de cette oreille. Pour eux, la société dite libérale n'est démocratique qu'en apparence. En fait, elle réduit le pluralisme politique à la diversification technique des modes de gouvernance d'une société qui ne s'autorise plus, en réalité, à discuter ses propres principes, ossifiés. Quant à la liberté religieuse, elle doit faire sien ce cadre d'exigences. S'agissant surtout de la liberté d'entreprendre, il n'est que de constater à quel point la société qualifiée de libérale – à laquelle peuvent participer des gouvernements nominalement « socialistes » – a naturalisé le chômage, cette catastrophe politique et humaine qu'elle aménage par toute une panoplie de procédés allant de l'euphémisation des statistiques jusqu'à ces « activités » palliatives qui sont à l'emploi véritable ce que les façades Potemkine sont aux constructions réelles.

Il y a sans doute de l'excès dans de pareilles charges. On y sent souvent le besoin de se constituer sempiternellement un Ennemi à la hauteur de celui qui peuplait des idéologies aujourd'hui défuntes ou qui ne survivent que dans les archives de l'histoire des Idées. Mais sous l'excès des diatribes doit sans cesse se discerner le besoin de comprendre. L'idéologie libérale, ou plutôt « libéraliste », s'arc-boute sur deux postulats : celui de l'accès à la propriété, dimension matérielle d'une attitude fondée plus profondément sur la possession, si ce n'est sur la possessivité et l'emprise ; et celui de la subjectivité juridique qui fusionne entre elles la figure du possédant et celle du citoyen. *Ownership,* d'un côté, et *citizenship*, de l'autre constituent ainsi les deux portants de la démocratie post-totalitaire, celle qui n'a plus rien à redouter de la menace révolutionnaire tant celle-ci s'est intellectuellement démonétisée et politiquement décérébrée. Faut-il s'en réjouir ? Edgar Faure soutenait l'idée selon laquelle la plus grande victoire des mouvements révolutionnaires et même de l'idée de révolution avait été de contraindre les régimes démocratiques, tels que les décrivait Raymond Aron dans les années 1960, au réformisme perpétuel. Depuis que cette menace a disparu, cette contrainte n'est plus de mise. Il n'est que de voir comment en France les mouvements sociaux naissent, vivent et meurent : rapidement, et comment le syndicalisme s'éloigne des visions qui habitaient la Charte d'Amiens de 1884 pour se réduire à un corporatisme de plus en plus sectoriel, aggravé par la pratique nécrotique des jeux à somme nulle dont la « gouvernance négative », comme on a pu la qualifier déjà[1], ne parvient pas à se départir, puisque, selon l'aveu public du Premier ministre François Fillon : « Les caisses sont vides. »

Pour toutes ces raisons, le risque est grand d'une perte de lucidité intellectuelle qui érigerait la démocratie en modèle sans que ce terme ne soit autre chose qu'un mot creux et sans que soient honorées les exigences qu'il comporte. Aujourd'hui ce vocable ne recouvrirait à vrai dire qu'une variante de la société néoplébéienne, telle que la qualifiait Hegel[2], dans laquelle la fin du prolétariat, au sens noblement marxiste, ne devrait pas masquer l'existence d'autres formes de prolétarisation, au sens le plus trivial – autrement dit, de magmas sociaux dans lesquels non seulement ce qu'il est convenu de nommer « travail », au sens générique, perd sa réalité de donnée immédiate de l'existence mais où, simultanément, la préservation de la part de celui-ci permettant de sauvegarder les ressources de la survie individuelle se paie par la perte de cela qui qualifie l'humain en tant que tel : sa dignité. La dignité ! Si les régimes totalitaires en faisaient peu de cas, est-il sûr que les régimes démocratiques s'en préoccupent vraiment ? Les sociétés dites libérales promeuvent certainement l'accès universel à la propriété et cultivent l'idéologie de l'individualisme possessif, mais, simultanément, elles laissent sévir la *dépossession* intégrale par le biais de la précarité généralisée, matérielle et psychologique, et par la perte du sentiment d'appartenance, véritable équivalent d'une « mort sociale ». Par là même, elles engendrent ce que Jacob Moreno qualifiait de « prolétariat moral »[3] lequel présente la particularité d'affecter transversalement toutes les classes, ou ce qui désormais en tient lieu, y compris les classes dirigeantes. Pour le comprendre, il faut répondre à cette interrogation préjudicielle : le mot « classe » conserve-t-il aujourd'hui encore la moindre réalité sociologique et, corrélativement, la moindre pertinence analytique ?

1. Raphaël Draï, « La gouvernance négative », *Cités,* n° 18, « Le dépérissement de l'État », 2004, p. 85 à 94.
2. In *Principes de la philosophie du droit,* Paris, Gallimard, « Idées », 1968.
3. In *Psychothérapie de groupe et psychodrame,* Paris, PUF, 1987.

FIN DES CLASSES, AVÈNEMENT PUIS DÉPOSSESSION DES « GENS »

Pour l'exprimer toujours dans les cadres de la pensée de Marx, le prolétariat est (était) initialement une entité configurable en termes économétriques, puisqu'elle représentait la classe qui se voyait dépossédée sans cesse de la plus-value, objectivement chiffrable, qu'elle produisait néanmoins. Le prolétariat était aussi et indissociablement une entité éthique et politique : éthique parce qu'il incarnait les méfaits de l'injustice érigée en système ; politique parce que ce système se prorogeait par la force la plus brutale et qu'il convenait de le détruire afin que l' « Homme générique » devînt l'homme tout court. Tel est l'enseignement sans doute le plus oublié de Marx : le prolétariat devient une classe digne de ce nom dès lors qu'il entre en lutte avec celle qui le produit et qui ne préserve de lui, à ses propres fins, que sa seule force de travail. C'est peu à peu que le prolétariat « économétrique » acquiert la conscience de soi en même temps que celle de l'injustice qu'il endure afin de s'engager dans une réelle lutte des classes non pour aménager les conditions de son exploitation et la rendre plus tolérable mais pour y mettre fin.

L'échec de la révolution bolchevique, qui a coulé le marxisme dans le soviétisme puis le soviétisme dans la gestion aveugle de la pseudo-révolution et dans la « dékoulakisation » génocidaire, ensuite la faillite des autres révolutions violentes et parfois auto-exterminatrices qui ont ensanglanté la planète, ont provoqué une méfiance profonde à l'égard des idéologies extrêmes auxquelles le marxisme a été assimilé. Prétendaient-elles abroger le passé ? Elles ont détruit le monde présent, fût-ce au nom d'un avenir qui s'est dérobé sous leurs pas du fait même de cette destruction, et cela pour aboutir à une restauration de ce passé honni et phobique, transfiguré en âge d'or. Il suffit de visiter la cathédrale Saint-Paul à Moscou pour prendre la mesure d'un tel processus. Quant à la Chine toujours officiellement communiste, l'organisation des Jeux olympiques de 2008 entraînera pour elle moins la « sinisation », serait-elle postmaoïste, desdits jeux que l'entrée encore plus systématique du continent chinois dans le marché mondial, avec ses produits standardisés et ses logos qui en vérifient la « traçabilité » idéologique. Par toutes ces voies s'épand alors une sorte de conformisme planétaire où l'initiative individuelle est, certes, prônée à condition de n'engendrer qu'un *stirring* du système, qu'une sorte d'excitation amphétaminique qui ne doit, en aucun cas, perturber son étiage cérébral et contrarier le raccourcissement de ses visions d'avenir, à supposer que la notion d'avenir conserve là encore le moindre sens, car, par définition, le futur est autre que le présent et qu'il s'en différencie du fait même de l'actualisation des virtualités que ce présent contient. Et l'on aboutit à cette incohérence dont la profondeur relève de l'insondable : l'exigence managériale de projets qui se veulent sans cesse novateurs dans la gouvernance courante, mais de projets coexistant avec le refus de toute historicité de la société envisagée à ses plus hautes échelles de vitalité. Par suite, le prolétariat moral dont il est question ici se reconnaît autant à ses caractéristiques économiques, sociologiques et psychologiques, qu'à la destruction des vecteurs mêmes de cette historicité. Car si la société sans classes identifiables, la société des « gens »[1], si cette société promeut systématiquement l'« individualisme possédant », sinon possessif, ses membres doivent assumer des pertes multiples dont il ne sont pas toujours en mesure d'accomplir le deuil à la fois spécifique et global.

Société de la mobilité géographique et des délocalisations, mais aussi société des messages publicitaires aussi érotomaniaques qu'ubiquitaires, elle provoque à cet égard d'incessants mouvements d'immigration clandestine que les droits nationaux tentent de canaliser et même de bloquer à leur source. Cependant, lorsque ces migrants arrivent sur le territoire de leurs rêves, ils ne tardent pas à y éprouver durement une double perte : celle, physique, de leur terre natale, et celle, psychique, de leurs illusions concernant le pays « d'accueil » lorsqu'il accumule à leur encontre les chicanes administratives et qu'il les oblige à se confronter à un principe de citoyenneté sélective se justifiant moins par ses valeurs intrinsèques que par l'état de pénurie de l'économie domestique et par l'assèchement de ses finances publiques. Il leur faut y endurer, en outre, la perte graduelle de leur parler d'origine – stigmatisant –, provoquant de véritables clivages de la personnalité. Par suite, l'identité première du migrant se confine dans un espace privé de plus en plus délabré et cerné, tandis que son identité nouvelle – pour autant qu'on la lui concède – doit s'accommoder d'un espace public inhospitalier déjugeant largement le titre de « société ouverte » qu'un Karl Popper accordait aux sociétés démocratiques en lutte contre le totalitarisme. La perte affecte également l'identité religieuse de ces migrants en détresse lorsque leur religion natale et surtout la pratique

1. Pour reprendre cette phraséologie qui n'épargne même plus les dirigeants du PCF...

des rites qui s'y attachent ne paraissent pas compatibles non plus avec la culture religieuse, explicite ou ambiante, du pays d'arrivée. Et là encore, pour tenter d'éviter cette hyperprolétarisation, économique et identitaire, la tentation est grande soit du désistement honteux, soit, au contraire, de la surenchère, si ce n'est du passage aux extrêmes. Dans ce dernier cas, le risque de perdre toute identité structurante s'exacerbe, surtout lorsque les forces de police doivent intervenir parce que des « jeunes » aux identités bloquées, issus de ces migrations décérébrées, n'auront plus su distinguer entre conviction théologique et délinquance pénale.

Épreuve de la perte également pour les travailleurs nationaux aux qualifications non assurées ou non actualisées. Laissée à sa ligne de plus grande pente, l'économie dite libérale tend à les considérer uniquement comme des paramètres futiles et superfétatoires dans des stratégies économiques qui se doivent d'être planétaires et immatérielles. Dans ce cas, le travail humain, concurrencé à mort par les nouvelles technologies, se distribue de manière aléatoire sur des individus devenant à leur tour des « non-sujets de droit »[1], essentiellement fongibles, mutables et permutables. Tel est à cet égard l'enjeu des délocalisations. Faut-il rappeler que l'origine de ce vocable se trouve dans les traités de psychiatrie ? Le syndrome appelé de ce nom concerne la perte du sentiment d'appartenance dans l'espace et dans la durée, avec des difficultés croissantes pour situer son propre corps dans un cadre et un contexte déterminés, ce qui le transforme en obstacle pour la conscience intime qu'il brouille et désoriente.

Le chômage engendre en ce sens une triple perte. Dans l'immédiat, la perte de ressources relativement stables permettant de faire face aux dépenses quotidiennes, notamment d'alimentation, mais aussi l'endettement long de la personne individuelle ou du ménage. Lorsqu'il devient difficile, pour ne pas dire impossible, d'assumer ces deux postes de dépenses, se trouvent ensuite gravement compromis les processus d'identification, personnelle et sociale, qui leur sont afférents. À quoi s'ajoute, encore plus durement, la perte inexorable du sentiment d'estime de soi. Dans sa dimension sociale, celui-ci se construit par la relation entretenue quotidiennement avec le rayon du grand magasin, avec le service ou le bureau, ou avec le poste de travail à l'usine. Depuis les travaux de Georges Friedmann, chacun sait à quel point la relation de travail, pourvu qu'elle

1. Selon la dure expression du doyen Carbonnier.

soit quelque peu valorisante, est investie affectivement ; à quel point, en effet, le rayon, le service, le bureau peuvent constituer autant de « secondes demeures », de « familles élargies », sur le plan professionnel, qui deviennent souvent, au moins dans la journée, des familles d'appartenance principale. Les plans sociaux, si mal nommés, et les délocalisations – surtout lorsque ni les uns ni les autres ne sont préparés et accompagnés – déchirent ce lien, dévastent la conscience de cette appartenance et engendrent l'état de délabrement complet que Hannah Arendt nomme « acosmie » lequel peut conduire au suicide des personnalités fragilisées, comme on a pu le constater maintes fois dans certaines usines de fabrication d'automobiles.

Sans aller jusqu'à de telles extrémités, la raréfaction du travail non hyperqualifié, la création d'emplois uniquement producteurs d'une intense plus-value, la course à la technologie qui accélère l'obsolescence des matériels, des logiciels et de leurs « concepteurs », toutes ces particularités de la société postmoderne, sans classes, diffusent cet autre sentiment délétère, particulièrement corrosif pour la dignité humaine : celui de la précarité. Ce sentiment ne s'attache pas seulement aux emplois intermittents ou saisonniers. Il s'attache aussi aux emplois qui, pour être fixes, ne sont pas stables tant ils sont assujettis à l'idéologie de la performance, elle-même indexée sur celle de l'évaluation. La performance ainsi conçue revêt une dimension autant objective que mentale. Dans un climat d'intense compétition économique, il s'agit de démontrer à une clientèle de plus en plus exigeante que le produit qu'on lui propose est le meilleur, intrinsèquement et au regard de son prix. Pourtant, par la recherche de la performance relative au seul produit considéré, c'est rien de moins que l'existence de l'entreprise qui se trouve sans cesse mise en jeu et, à travers elle, les emplois relativement durables qui s'y attachent mais sous condition résolutoire. C'est pourquoi les nouvelles techniques d'évaluation inhérentes au « management guerrier », et pour aussi objectives qu'elles se veuillent, ont un si fort impact mental. À travers elles et par elles, c'est l'être même du concepteur ou de l'exécutant qui se trouve non pas « évalué », techniquement parlant, mais bel et bien *jugé* au tréfonds de son être. Dans le contexte économique où il s'exerce et dans le climat mental où il se développe, ce jugement affecte rien de moins que le narcissisme des « évalués », mais sur son versant mortifère. Une « évaluation » à cette aune, non pas même négative mais simplement « réservée », équivaut à une disgrâce et parfois à une sentence mortelle. Telle a été l'une des données de l'affaire Kerviel relative au trou astronomique creusé à la Société générale par l'un de ses éléments en proie à l'évaluation négative, ou « réservée », et dont le PDG de cette banque de dimension planétaire avait reconnu qu'il ne l'avait jamais rencontré de sa vie. Dans ces conditions, le maintien coûte que coûte de l'individu à son poste, la préservation du job-identité et la recherche éperdue de la promotion – puisque stagner, c'est régresser – engendrent des attitudes erratiques aboutissant parfois à l'abandon de toute dignité personnelle : affirmation hyperbolique de la dévotion à l'entreprise, servilité à l'égard de ses dirigeants, férocité à l'encontre des collègues vécus comme autant de rivaux-ennemis. Nous sommes loin de la notion de *Korporation,* telle que l'entendait Hegel, de cette institution cruciale de la société civile qui promeut le développement de l'éthique primaire, interindividuelle, par l'apprentissage de la coopération, de la complémentarité des tâches et de la solidarité des missions, puis par le besoin de la présence d'Autrui. De la sorte s'engagent à présent de perverses transactions, conscientes et inconscientes, entre la volonté forcenée du gain et de la promotion, d'une part, et, d'autre part, le sentiment d'abaissement de soi par l'affaissement d'une dignité bafouée ou complètement perdue. Et, pour finir, se produisent les vacillements de la conscience d'être un réel sujet de droit, si ce n'est un être humain tout simplement.

MISÈRE DE LA « PEOPLELISATION »

C'est dans ce contexte qu'il faut analyser le phénomène compensatoire de la « peoplelisation », tel qu'il affecte le monde politique – et, déjà, à un degré encore plus élémentaire, la psychopathologie de la vie quotidienne. Si le terme de « psychopathologie » peut paraître excessif, il se justifie par les processus sociaux et mentaux à l'œuvre en l'occurrence : à savoir, l'exploitation éhontée par les médias, eux-mêmes en féroce concurrence économique et financière, de l'imaginaire des « cibles » concernées. Qu'il s'agisse de « stars » du cinéma, de la chanson, du journalisme ou de la mode, ces processus, au-delà de leurs modalités techniques, s'avèrent intangibles : il faut induire puis entretenir des modes d'identification grégaires, à la fois primaires et fallacieux, dans lesquels le surclassement imaginaire compensera le déclassement social et intellectuel. Lesdites « stars », fabriquées comme tout autre produit, sont alors complaisamment représentées dans des situations qu'elles semblent partager avec leur public vorace et voyeur : événements de la vie affective et sentimentale (mariages, naissances, divorces, remariages, etc.), ou bien incidents et accidents de santé. Pourquoi identifications fallacieuses ? S'il faut susciter le sentiment que le lecteur, l'auditeur ou le téléspectateur fait vraiment partie de l'univers de la star dont il est admis à partager par revue ou émission interposée l'intimité familiale, si ce n'est sexuelle, il n'en demeure pas moins que les conditions d'existence objectives de telles stars (habitations somptuaires, voyages, cachets) démentent par ailleurs une identification véridique[1]. Qu'à cela ne tienne : la mise en scène de leurs déboires, voire de leurs turpitudes, provoquera la revanche méritée sur une si flagrante inégalité de conditions. Cette revanche sera consommée jusqu'à la lie lorsque les stars en question finissent par se détruire mentalement, comme Britney Spears, ou physiquement, par mort lente, comme Édith Piaf, ou violente comme Mike Brandt ou les princesses Grace de Monaco et Diana. C'est seulement lorsque le malheur frappe avec une telle brutalité destinale qu'alors les classes à l'ancienne disparaissent vraiment et que le prolétariat moral se subroge en apothéose au prolétariat classique.

L'un des problèmes sans doute les plus préoccupants concernant la démocratie affecte donc la « peoplelisation » de la vie politique. La formule canonique de la démocratie s'énonce : « gouvernement du peuple, par le peuple, pour le peuple ». Mais la notion de peuple n'a pas le même sens dans ces deux contextes, l'un transcendant, l'autre dégradé. Au sens du droit public et de la philosophie politique, le Peuple, d'où émane la Volonté générale, est bien l'instance détentrice de la souveraineté. Autrement dit, et sous des modalités que permet d'éclairer l'histoire des idées politiques et des concepts juridiques, c'est bien le Peuple, en son universalité et en son unité, qui devient le support et le vecteur du concept de majesté qu'avaient capté des rois césarisés ou des pontifes divinisés. C'est en ce sens que le Peuple est déclaré « grand », comme est grand le « grand homme » dont le colonel de Gaulle avait tracé le remarquable portrait en affirmant à son propos qu'il n'est pas de grandeur sans mystère et de mystère sans distance[2]. Cette distance-là n'a rien de commun avec celle – séparatrice et mystificatrice – qu'entretiennent les castes et les appareils qui se prétendent au-dessus de la piétaille, du bas peuple ou de la gent

1. David Rothkopf, *Superclass. The Global Power Elite and the World they are making*, Little, Brown, 2008.
2. In *Le fil de l'épée*, Paris, Plon, 1962 ; rééd. Coll « 10-18 ».

mécanique, comme l'on s'exprimait au temps de Loyseau. Cette distance charismatique est celle que caractérise avant tout un respect mutuellement partagé. Elle n'est pas infranchissable mais elle ne se franchit justement qu'à l'invitation de qui en est protégé. C'est pourquoi dans cette même étude le colonel de Gaulle a pu écrire, en paraphrasant Hegel, qu'il n'est pas de grand homme pour son valet, et l'on pourrait ajouter : pour son médecin. Cependant, est-ce tellement sûr tant la vraie grandeur n'a rien d'un artefact et qu'elle subsiste aux aléas les plus durs ou aux retours de fortune les plus cruels de l'existence personnelle et politique ? Il est non moins vrai que cette grandeur-là est indissociable de l'autorité dont fait preuve l'être ou le gouvernant qu'elle marque. Cette sorte d'autorité ne se décrète ni ne se fabrique. Elle naît avec les résultats d'une mission réussie qui ne se réduit pas à des effets d'annonce et qui s'interdit la sous-évaluation rétroactive et sans vergogne des objectifs initialement affichés.

La « peoplelisation » de la vie politique met cette haute définition du peuple sens dessus dessous. Elle ne se préoccupe plus d'élever le peuple sociologique à la hauteur des idéaux qu'il se donne ou que ses mandataires ont formulés en son nom. Elle ne s'inquiète plus d'élever sa vie quotidienne à la hauteur de l'historicité qui le dote d'une mémoire pérenne, d'un présent fécond, et qui le projette dans un avenir lucide. Elle ne s'entend plus à forger les programmes politiques, les outils de pensée, les procédures juridiques qui lui permettront de se dépasser. Elle veut « se mettre à son niveau », mais un niveau statique et immobilisé. Les gouvernants, affligés par la « peoplelisation », transgressent la ligne qui doit toujours séparer la sphère publique et la sphère privée[1]. Faute d'obtenir une popularité de bon aloi méritée par des résultats probants, ils tenteront de « faire peuple » en laissant débonder les événements de leur vie privée dans la sphère publique. Au nom de la transparence et du principe « il n'y a rien à cacher », ils s'adonneront à une forme de mise en scène confinant parfois à un pur exhibitionnisme. Car, même dans la vie privée, le sens de la discrétion et le respect de soi et des autres empêche l'étalage des événements personnels et l'exhibition des sentiments ou des affects. De pareils procédés, également primaires et fallacieux, deviendront, si l'on n'y prend garde, dangereux. La « peoplelisation » se prévaut de la nécessaire proximité qui doit ou qui devrait marquer la relation entre gouvernants et

1. Richard Sennett, *The Fall of the Public Man*, New York City, W. W. Norton & Co., 1992.

gouvernés. Cette vue reste à vérifier car la proximité qui caractérise la véritable popularité résulte d'un partage effectif des épreuves et des duretés de la vie. À l'évidence, la « peoplelisation » politique suscite les mêmes observations que ceux de la « peoplelisation » du show-business. En aucun cas, les situations objectives, les situations de fortune, les positions non plus de classe mais de caste ne sont équivalentes entre les « peoplelisateurs » et les « peoplelisés ». Si la grandeur ne va peut être pas sans mystère, la « peoplelisation » ne va sûrement pas sans mystification et même sans mépris. Au demeurant, ce mépris est à partie double : mépris de la part des « élites » ou de la « bulle » à l'égard du prolétariat moral qui en suit les feuilletons comme le chien courant hume le gibier, mais également mépris du prolétariat moral vis-à-vis de ces élites qui au fond ne savent pas respecter leur rang. Et la « peoplelisation » finit par se retourner contre ceux qui la pratiquent. L'absence – imaginaire – de distance y instaure une familiarité salace qui incite à l'interpellation sauvage. Le tutoiement verbal des uns entraîne le tutoiement moral des autres, si ce n'est l'injure réciproque comme on l'a vu lors d'un certain esclandre au dernier salon de l'agriculture. Il faudrait être ici particulièrement attentif à une observation de Chateaubriand à la fin de ses *Mémoires d'outre-tombe* : les rois ont été perdus du jour où l'on a pu leur mettre la main sur l'épaule. Mais ces mêmes rois n'étaient-ils pas censés guérir les écrouelles en touchant personnellement le corps souffrant de leurs sujets ? Il ne s'agit donc pas du même geste ni du même contact dans les deux cas. Tel est le danger sans doute mortel de la « peoplelisation » politique : les gouvernants eux-mêmes finissent par s'identifier au prolétariat moral qui se vautre dans son propre désistement tandis que ne refluent plus guère, de ce qu'il est convenu de nommer toujours, par facilité de langage et habitude de pensée, la sphère publique et la démocratie, que les eaux grasses de « Pot Bouille ».

Nouvelles formes d'exploitation

MICHELA MARZANO

À l'époque du taylorisme et du fordisme, personne ne se souciait de convaincre les ouvriers de l'importance de leur tâche. Un seul critère guidait alors les dirigeants : optimiser le rendement de leurs usines. Il ne serait venu à l'idée de personne de chercher à obtenir l'adhésion des salariés. Ces derniers n'étaient que des « pièces » à l'intérieur d'un processus productif. Le film de Chaplin *Les Temps modernes* l'illustre parfaitement. Tout le monde se souvient de l'énorme salle des machines où est réglée la cadence du travail, du bureau du directeur qui peut tout contrôler, de l'atelier avec la chaîne mobile, de la salle avec les rouages et les engrenages... C'est dans cette usine organisée selon les « méthodes efficaces » de Ford que Charlot passe son temps à serrer machinalement des boulons. Lorsque le directeur ordonne une augmentation de cadence, notre héros n'arrive plus à suivre le rythme et, happé dans le ventre de la machine, il commence à rouler entre les engrenages. Rendu complètement fou, il se met à danser et à serrer tout ce qui lui fait penser à des boulons : le nez de ses collègues, les boutons de la robe de la secrétaire... Jusqu'à ce qu'on décide de l'évacuer dans un fourgon sanitaire.

Comment peut-on seulement songer à comparer ces ouvriers aliénés par la méthode tayloriste avec les salariés contemporains ? Les employés ne sont-ils pas désormais des « ressources humaines » réhabilitées dans le discours dominant et intégrées dans de multiples programmes d'amélioration des performances ? Comment parler de nouvelles formes d'exploita-

Cités 35, Paris, PUF, 2008

tion lorsqu'on sait que, dans les multinationales contemporaines, il existe des « chartes éthiques » qui soulignent toute l'importance qu'elles prétendent accorder à la fois à la responsabilité sociale des entreprises et à l'évolution personnelle, ainsi qu'à la réussite de chacun ?

En réalité, aujourd'hui, les individus non seulement sont loin de vivre une relation harmonieuse avec leur travail, mais sont surtout pris au piège d'un discours qui, tout en valorisant leur autonomie, les enferme à l'intérieur d'un monde où leur marge de manœuvre est extrêmement courte. Par le biais d'une manipulation très sophistiquée, le monde du management contemporain n'est pas loin de mettre en place une nouvelle forme d'exploitation : une exploitation qui, dans le contexte du nouveau rapport au travail propice à un investissement total, engendre des situations de stress chronique. Ce qui met au jour de nouvelles formes de fragilité[1].

I

À partir des années 1980, les entreprises disent vouloir échapper à la logique pyramidale qui concentrait le pouvoir au sommet (comités de direction et cadres supérieurs). Toute une série de livres, de séminaires et de discours d'entreprise développent de nouvelles conceptions du management. En 1986, le PDG de la compagnie d'aviation SAS, Jan Carlzon, n'hésite pas à titrer son livre de conseils en management *Renversons la Pyramide*[2] *!* Selon J. Carlzon, les chefs doivent se comporter en « meneurs » et doivent pouvoir compter sur la coopération et l'engagement de tous les employés. C'est pourquoi aucune directive n'est donnée sur les actions individuelles à mener : le but est de chercher à stimuler la créativité et l'esprit de collaboration de l'ensemble du personnel. En 1987, le PDG de la multinationale BSN (ensuite rebaptisée Danone), Antoine Riboud, explique dans un rapport commandé par Jacques Chirac, alors Premier ministre, que, pour réussir économiquement, une entreprise doit s'appuyer sur le potentiel des hommes qui y travaillent : « La capacité

1. E. Enriquez, *Les jeux du pouvoir et du désir dans l'entreprise,* Paris, Desclée de Brouwer, 1997 ; J.-P. Durand, *La chaîne invisible,* Paris, Le Seuil, 2004 ; C. Dejours, *Conjurer la violence,* Paris, Payot, 2007.

2. J. Carlzon, *Renversons la Pyramide ! Pour une nouvelle répartition des rôles dans l'entreprise,* Paris, InterÉditions, 1986.

d'obéissance, de force, de répétition, et tout ce qui va dans le sens d'une routine bien maîtrisée, tombent en désuétude. On ne peut donc plus pratiquer le même style de commandement et d'animation ni avoir la même division du travail ou la même définition des qualifications. »[1] Dans les années 1980, on s'entiche des théories d'Elton Mayo[2] et de Douglas McGregor[3], et le « management participatif » semble être la réponse la plus efficace aux difficultés et aux critiques rencontrées par le modèle taylorien[4].

Sollicitant l'autonomie et la responsabilité des travailleurs, le but de ce type de management est de mettre au cœur du marché l'homme et ses motivations. Pour ses promoteurs, le seul moyen pour motiver le personnel est de l'associer à la définition et à la mise en œuvre des objectifs de l'entreprise. Dès lors, les principes que sous-entend ce management sont le décloisonnement des sous-systèmes de l'entreprise et la transformation de l'entreprise en un « lieu de parole ». D'où l'émergence de notions telles que « travail en équipe », « modèle de compétence », « mobilisation de la subjectivité », etc. L'entreprise est même désignée comme un lieu de « développement personnel » pour l'ensemble des ressources humaines[5]. Comment nier alors les bénéfices de toutes ces modifications qui ont lieu dans l'organisation du travail ?

En réalité, le discours tenu par les entreprises par rapport à leurs salariés est un mélange incongru de contradictions criantes qui disent tout et leur contraire. L'entreprise prétend devenir un lieu de « construction de sens » et de « finalités partagées », où chacun peut « développer son autonomie »[6]. Mais *de facto* elle vise à convaincre les uns et les autres à « contribuer au projet commun » qui n'est rien d'autre, au fond, qu'un projet de maximisation des gains pour les actionnaires. La plupart de ces débats ne font qu'engendrer une extrême confusion de pensée. On entend tout et son contraire : revendications vaguement libertaires, professions de foi dans l'efficacité économique, célébration du sens de l'équipe, dénoncia-

1. A. Riboud, *Modernisation, mode d'emploi. Rapport au Premier ministre,* Paris, UGE, 1987, p. 24.
2. E. Mayo, *The Human Problems of an Industrial Civilization,* New York, Macmillan, 1933.
3. D. McGregor, *The Human Side of Enterprise,* New York, McGraw-Hill, 1960.
4. P. Hermel, *Management participatif,* Paris, Les Éditions d'Organisation, 1988.
5. M. Le Saget, *Le manager intuitif,* Paris, Dunod, 1992.
6. J.-C. Dupuis, C. Le Bas, *Le management responsable. Vers un nouveau comportement des entreprises ?,* Paris, Economica, 2005.

tion de la société de consommation... Ce qui cache le véritable problème, c'est-à-dire le fait qu'aujourd'hui les entreprises fonctionnent en s'appuyant sur des valeurs qui ne sont absolument pas conciliables : le « développement personnel » et l' « excellence » ; l' « engagement maximal » et la « flexibilité » ; l' « employabilité » et la « confiance » ; l' « autonomie » et la « conformité ». L'ambiguïté du système réside dans cette tentative de démontrer leur convergence possible, par le biais d'un certain nombre de trucages qu'il faut mettre en évidence.

II

Au moment de l'embauche, le futur salarié (jeune ou expérimenté) se sent valorisé et pris en compte grâce à ses compétences et à ses potentialités uniques. Il suffit de jeter un coup d'œil aux offres d'emploi et aux profils que recherchent les entreprises pour s'en rendre compte. AXA, par exemple, dans une rubrique de son site web consacrée au recrutement, insiste sur l'importance de l'ambition personnelle : « AXA France vous offre une large palette de métiers avec la perspective d'évoluer en France ou à l'international. Selon votre personnalité et votre profil, vous pourrez manager des équipes opérationnelles, des grands projets, et développer votre expertise. Ambitieux, rejoignez notre Groupe et vivez de réelles perspectives d'évolution ! »[1] Quant à L'Oréal, les compétences valorisées au moment de l'embauche sont au moins autant explicites : « Nous recherchons des hommes et des femmes qui, au-delà de leurs compétences techniques ou scientifiques, sont fascinés par le monde et les gens ; imaginatifs, entrepreneurs, et capables de s'adapter aux changements et d'agir dans une organisation en réseau ; dotés d'une réelle ouverture d'esprit... »[2] Au-delà des spécificités des différentes annonces, ce qui est clair, c'est que l'entreprise contemporaine cherche à se présenter comme un lieu d'évolution et d'épanouissement personnel. C'est pourquoi elle dit non seulement être ouverte à tous ceux qui veulent évoluer, mais semble aussi être prête à donner aux nouveaux venus tous les moyens afin qu'ils puissent s'accomplir à la hauteur de leurs ambitions. « Les talents d'aujourd'hui ne sont pas ceux d'hier, explique en 2005 Mercedes Erra, présidente de

1. http://jd.apec.fr/delia/core/common/delia/ApecPrintDossierComplet.
2. www.loreal. fr/_fr/_fr/index. aspx?direct1=00002&direct2=00002/00004.

l'agence marketing Euro RSCG. Plus que la spécialité, c'est la personnalité qui fait l'objet de toutes les attentions dans les recrutements. Les nouvelles attentes des jeunes en termes de qualité de vie obligent les entreprises à transformer leur mode de management. Objectif : garder les meilleurs et leur prouver que le travail est une forme d'épanouissement personnel. » D'où l'importance du « sens » à donner à ce qu'on fait. « Quand Danone dit à ses jeunes candidats : "Je travaille pour la santé", c'est très fort », affirme Mme Erra[1].

Face à ces discours hautement valorisants, l'individu se sent logiquement flatté dans son narcissisme personnel : il est immédiatement prêt à s'investir à fond. Et c'est là que le piège se referme. Car le « développement personnel » que propose l'entreprise n'est évidemment qu'une simple monnaie d'échange. Il s'agit seulement d'obtenir des résultats. En d'autres termes, ce qui intéresse réellement l'entreprise est le gain. Il n'y a rien de scandaleux à ce que l'entreprise exige l'excellence de son personnel pour maximiser ses profits. Ce qui est plus contestable, c'est qu'elle ait pour ce faire recours à la rhétorique de l'épanouissement personnel, c'est-à-dire qu'elle laisse penser à ses employés qu'elle va contribuer à les épanouir. Car les individus se retrouvent alors soumis à des injonctions contradictoires : d'une part, ils se voient offrir des coachs personnels, des formations coûteuses et des parcours individualisés ; d'autre part, ils sont régulièrement soumis à des processus d'évaluation et de sanction toujours plus sophistiqués et contraignants[2]. C'est pourquoi la norme de progression est reliée à la fameuse règle du *up or out* (« soit tu t'améliores, soit tu t'en vas »)[3]. Ce qui a comme conséquence une adaptation constante de chacun à ce qui est attendu de lui. Croyant s'épanouir, l'individu disparaît sous les contraintes d'excellence que l'entreprise lui impose.

1. M. Erra, « Le salut par l'innovation », *Actes de la 9e Université d'été,* Assemblée des Chambres françaises de commerce et d'industrie, 2005. On peut consulter l'article sur le site : http://www.acfci.cci.fr/UE/Universite9.

2. C. Dejours, *Conjurer la violence, op. cit.,* p. 67.

3. C. J. McNair, « Proper compromises : The management control dilemma in public accounting and its impact on auditor behavior », *Accounting, Organizations and Society,* 16 juillet 1991, p. 635-653 ; A. Siow, « Tenure and other unusual personnel practices in academia », *Journal of Law, Economics and Organization,* 14 janvier 1998, p. 152-173.

III

Une fois engagé dans son travail, bien intégré dans son univers professionnel, le salarié n'en est pas pour autant au bout de ses peines. Car le nouveau management lui impose des contraintes qui peuvent aboutir à ce qu'on peut qualifier de « schizophrénie rationnelle ». D'une part, le salarié doit se montrer toujours enthousiaste et parfaitement engagé dans les projets qu'on lui propose : une fois à l'intérieur d'un réseau qui travaille sur un projet, rien d'autre ne doit exister en dehors de celui-ci ; toute l'énergie et toutes les compétences doivent être mises au service du projet. Il doit à chaque fois faire preuve d'initiative et d'inventivité. Mais il ne peut en aucun cas perdre de vue le fait qu'un projet peut aussi être abandonné du jour au lendemain à la faveur d'un autre projet qui demande des compétences différentes. Ce qui veut dire qu'un employé doit être capable de flexibilité et d'adaptation pour se lancer avec le même enthousiasme et le même engagement dans le nouveau projet. Mais comment s'investir complètement quand on est honnête et qu'on n'a jamais la certitude que son investissement a réellement de la valeur ? C'est cette « adaptabilité » et cette « polyvalence » qui rendent pourtant un salarié toujours « employable ». Tout travailleur digne de respect doit être à la fois « compétent » et « réactif ». C'est demander le jour et la nuit. La littérature managériale fait d'ailleurs, sans sembler s'en rendre compte, l'apologie de cette dérive schizophrène. « À l'avenir, celui qui saura maîtriser la plus grande variété de situations professionnelles et qui s'intégrera sans revendications dans des équipes de configurations diverses aura un avantage incontestable dans sa progression professionnelle. »[1]

Il s'agit, au fond, de l'application à la lettre de la théorie du « capital humain » définie dans les années 1960 par l'École de Chicago. Le concept de capital humain, pratiquement inutilisé pendant deux siècles après qu'Adam Smith l'eut lancé dans ses *Recherches,* a été récupéré après guerre, notamment par l'économiste américain Gary S. Becker, prix Nobel d'Économie en 1992[2]. Pour Becker, l'idée de fond est que tout individu est capable de développer un certain nombre de connaissances

1. M. Le Saget, *10 conseils pour le manager de demain,* brochure du cabinet de conseil Érasme International, 1994.

2. G. S. Becker, *Human Capital* (1964), Chicago, Chicago University Press, 1971.

qui peuvent, par la suite, être source de profit pour l'entreprise. Toute dépense susceptible d'améliorer le niveau de formation d'un individu augmente en effet sa productivité et, par conséquent, les bénéfices d'une entreprise. Dans son acception contemporaine, la notion de capital humain s'est élargie. Elle est désormais utilisée pour qualifier l'ensemble des aptitudes productives d'un employé. C'est pourquoi elle intègre aujourd'hui non seulement l'acquisition de savoirs, mais aussi l'apprentissage d'un certain nombre de *savoir-faire*. Cela peut même aller jusqu'à une certaine capacité à *savoir être* : *savoir faire* plusieurs choses à la fois ; *savoir être* plusieurs personnes à la fois. Une telle réflexion repose sur l'idée délirante que le « capital humain » doit être utilisé à 100 %. On peut aussi lire, dans une revue de vulgarisation managériale : « Le constat est sans appel : quatre grands groupes mondiaux sur cinq estiment ne pas utiliser à 100 % le potentiel de leurs ressources humaines. Un déficit critique pour des entreprises qui doivent, face à une concurrence mondiale de plus en plus intense, être capables de contrôler leurs coûts tout en ayant des ambitions réelles en matière d'innovation. Et, pour résoudre cette équation stratégique, la flexibilité est considérée comme l'élément déterminant. »[1]

On comprend que l'entreprise cherche à utiliser un « capital humain » le plus malléable possible. Mais comment oser présenter cette instrumentalisation comme une réalisation personnelle ? Quelle vision de l'homme prime dans une telle logique ? C'est tout simplement celle d'un homme sans épaisseur, un *homme caméléon* pouvant s'adapter à toutes les circonstances, car ce qui fait sa valeur, ce n'est pas son intériorité, c'est son caractère modulable. Un homme à géométrie variable qu'on vide de sa « substance », même si le risque est qu'il n'arrive plus à se reconnaître comme étant lui-même. Richard Sennett évoque longuement en 1998 cette « corruption du caractère » qui caractérise, selon lui, les impératifs du nouveau management. Le régime temporel du néocapitalisme a, en effet, créé un « conflit entre le caractère et l'expérience » : l'expérience d'un temps disjoint menace l'aptitude des gens à se forger un caractère au travers des récits continus[2]. Comment envisager la

1. « Ressources humaines : priorité à la flexibilité », *GDN Management,* avril 2005, article qu'on peut consulter sur le Net : www.journaldunet.com/management.

2. R. Sennett, *Le travail sans qualité. Les conséquences humaines de la flexibilité* (1998), trad. franç., Paris, Albin Michel, 2000, p. 37.

création de relations durables lorsqu'on est obligé de « migrer » sans cesse d'une tâche à l'autre, d'une région à l'autre, quand ce n'est pas d'un emploi à l'autre ? Peut-on se passer de « tout sentiment durable du moi »[1] ?

IV

Le troisième paradoxe est lié au changement de statut du contrat entre employeurs et employés. Désormais, celui-ci ne se fonde plus sur le rapport *loyauté/protection*, mais sur un rapport *confiance/employabilité*. Pendant les Trente Glorieuses et la conjoncture favorable de l'après-guerre, un salarié apportait à l'entreprise sa loyauté : il ne cherchait pas à aller dans d'autres entreprises et l'entreprise pouvait compter sur lui si elle avait besoin qu'il fasse un effort supplémentaire. En échange, l'entreprise lui garantissait une forme de protection sur le marché du travail. Le travail conçu comme un rapport de subordination était échangé contre des garanties de sécurité de revenu sous forme de sécurité de l'emploi ou de prestations sociales. À partir des années 1980, sur fond de crise économique, l'idéologie managériale estime que l'employé se doit d'apporter à l'entreprise ses compétences. L'entreprise, elle, ne garantit plus sa protection, mais, en lui demandant sa confiance, elle promet à son salarié son « employabilité », c'est-à-dire sa valeur sur le marché du travail. Par conséquent, elle se reconnaît le droit de s'en « séparer », notamment parce qu'elle lui assure des formations continues qui « garantissent » son employabilité[2].

En apparence, on peut considérer, eu égard aux contraintes croissantes qui pèsent sur les entreprises, que le nouveau « contrat » est équitable. Sauf que, en y regardant de plus près, ce nouveau contrat est biaisé. Si l'employabilité est censée représenter une sorte de « protection » de l'employé, la compétence, elle, est souvent définie d'une telle façon qu'elle efface la protection dont l'employabilité se ferait garante. Expliquons-nous. La compétence est définie, par le management, comme « une combinaison de connaissances, savoir-faire, expérience et comportements s'exerçant dans un contexte précis. Elle se constate lors de sa mise en

1. R. Sennett, *La culture du nouveau capitalisme,* trad. franç., Paris, Albin Michel, 2006, p. 13.
2. B. Aubrey, *Savoir faire faire,* Paris, InterÉditions, 1990, p. 56.

œuvre en situation professionnelle. C'est donc à l'entreprise qu'il appartient de la repérer et, en lien avec les institutions, branches, système éducatif, d'une part, et les salariés, d'autre part, de l'évaluer, de la valider et de la faire évoluer »[1]. Mais, dans cette « définition », tout est piégé. On parle en effet de connaissances et d'expérience « dans un contexte précis ». On admet la possibilité de reconnaître et de valider ces connaissances et cette expérience. Mais en même temps on parle d'évolution et d'évaluation... En fait, le concept de « compétence » ne sert qu'à justifier le passage, pour un salarié, d'une obligation de moyens vis-à-vis de son entreprise – comme c'était le cas dans le modèle ancien où l'on parlait de la « qualification » – à une obligation de résultats. Ainsi, une compétence n'est finalement jamais un « acquis », mais toujours quelque chose qui risque d'être remis en question. « Un jeune diplômé de niveau moyen, écrivait déjà en 1996 un collaborateur du *New York Times,* doit s'attendre à changer (...) de profil de compétences au moins trois fois, et les compétences qu'il ou elle utilisera à 40 ans ne seront pas celles apprises à l'école. »[2] Outre l'aberrante tentation de « professionnaliser » des études qui, dans un tel contexte, seront toujours plus vite obsolètes, il faut surtout se demander comment concilier cette incertitude constante avec la soi-disant confiance dont on n'arrête pas de parler et qui serait à la base de toute relation professionnelle.

Au sens strict du terme, la confiance renvoie au sentiment qui fait qu'on se fie à quelqu'un ou à quelque chose. D'où l'idée qu'existent des personnes de « confiance » dont on n'a pas à se méfier, car on considère qu'il s'agit d'individus qui sont capables de tenir leurs engagements, d'obéir aux règles de l'honneur et de la probité, d'être honnêtes et intègres. C'est ainsi que, déjà chez les Romains, on considère la confiance comme l'un des fondements de la justice (Cicéron, *De officiis,* I, 23). C'est aussi la confiance qui sous-tend la possibilité de faire des promesses et de passer des contrats. Celui qui promet se lie à l'avance et s'engage à répondre de ses actions dans le futur : en promettant, il accepte implicitement qu'on lui demande des comptes plus tard sur la manière dont il aura réalisé sa promesse ; il donne sa parole à quelqu'un d'autre et il contracte, par là, une certaine obligation en autorisant autrui, par la suite, à exiger de

1. J.-D. Reynaud, « Le management par les compétences : un essai d'analyse », *Sociologie du travail,* 43, 2001, p. 9.
2. L. Utichelle, « The downsizing of America », *The New York Times,* 3 mai 1996, p. 7-8.

lui des actions, des conduites, des prestations. De ce point de vue, la promesse introduit dans les relations humaines une forme de stabilité et tisse un réseau ordonné qui assure une certaine sécurité : elle rend son auteur responsable vis-à-vis du destinataire de la promesse par l'obligation qu'elle engendre et, par là, elle oblige au respect de la parole donnée. Manquer systématiquement à la parole donnée signifie d'ailleurs mettre en danger l'existence même de la société. C'est pourquoi la faculté de faire et de tenir des promesses sert, nous rappelle Hannah Arendt, à disposer, dans cet océan d'incertitude qu'est l'avenir, des îlots de sécurité sans lesquels « aucune continuité, sans même parler de durée, ne serait possible dans les relations des hommes entre eux »[1]. C'est dans ce contexte que la philosophe Annette Baier fait des promesses et de la confiance le fondement de toute relation humaine[2]. Ce n'est que lorsqu'on a confiance en quelqu'un, et que celui-ci n'abuse pas de la confiance reçue, qu'on peut espérer obtenir des « avantages » de la relation qui va s'instaurer. C'est la confiance qui amène quelqu'un à s'en remettre à quelqu'un d'autre, dans le but de réaliser quelque chose.

Mais alors comment, dans un tel contexte, inspirer confiance – ce qui demande de respecter un engagement pris ou une parole donnée – dès lors qu'on prône la flexibilité et la malléabilité ? Les situations changent vite. Peut-on parler de confiance dans un tel univers ? En réalité, dans le monde du management contemporain, la confiance s'est transformée en simple paravent discursif au service d'un nouveau « paradigme gestionnaire » tout entier fondé sur de nouvelles exigences de loyauté[3].

V

Lorsqu'on passe au quatrième paradoxe – faire preuve à la fois d' « autonomie » et de « conformité » –, on touche au paroxysme de l'absurde. L'autonomie est devenue le maître mot de la littérature managériale. Les entreprises exigent des salariés autonomes. Mais cette autonomie à laquelle on pousse les employés ne correspond en aucun cas à la notion

1. H. Arendt, *Condition de l'homme moderne* (1958), Paris, Calmann-Lévy, 1983, p. 266.
2. A. Baier, « Trust and anti-trust », *Ethics,* 96, 1986, p. 201-230 ; repris in Diana T. Meyers (dir.), *Feminist Social Thought. A Reader,* New York, Routledge, 1997, p. 604-629.
3. M. Lallement, *Le travail,* Paris, Gallimard, 2007, p. 424.

philosophique d'autonomie, dont le terme vient du grec *autonomos* et indique le droit de se gouverner par ses propres lois. Son usage remonte notamment à Kant, qui utilise ce terme pour qualifier le droit pour l'individu de déterminer librement les règles auxquelles il se soumet[1]. Dans *Qu'est-ce que les Lumières ?*, Kant explique en effet que tout être humain a « vocation à penser par soi-même », et donc à juger et décider par soi-même de ce qu'il doit faire. Au point que ce serait un « crime contre la nature humaine » d'empêcher les gens de faire un « libre usage de leur raison »[2]. Cette vocation à penser par soi-même – qui s'exprime dans l'autonomie – implique donc le refus d'agir sous l'empire de ses penchants ou sous l'influence de directives extérieures. Or, sans suivre à la lettre la position kantienne et sa tendance à séparer radicalement l'autonomie de tout conditionnement empirique, il est sûr qu'on ne peut parler d'autonomie lorsqu'on demande à quelqu'un d'accepter « volontairement » des contraintes extérieures, comme le fait le discours du management contemporain. On ne peut qu'être surpris de lire sous la plume de tel ou tel gourou du management une semblable confusion conceptuelle. Sauf à envisager la volonté explicite de leur part d'utiliser des concepts éthiques (aujourd'hui à la mode) en les vidant de tout leur sens. En effet, ce n'est que lorsqu'on prend une décision en dehors d'un cadre préalablement établi qu'on agit de façon autonome et que, par conséquent, on est effectivement responsable de ses choix et de ses actes. Mais ce n'est évidemment pas le cas lorsque des entreprises exigent l'« autonomie » de leurs employés tout en leur dictant des conditions à respecter. De quoi entend-on alors parler ? S'agit-il, pour les dirigeants qui l'emploient, d'instrumentaliser l'autonomie pour se débarrasser de leurs responsabilités et pouvoir tenir comme « responsables » de tout échec les employés qualifiés d'« autonomes » ?

Lorsque l'autonomie se réduit à une promesse qui ne peut être satisfaite en raison du contexte social dans lequel elle est formulée, mais qu'elle se veut comme une justification morale, elle relève de l'idéologie[3]. Car aucun lien n'existe entre la capacité que chacun aurait de s'autodéterminer et les choix spécifiques que l'on se doit de faire lorsqu'on est un salarié d'une

1. M. Marzano, *Je consens, donc je suis... Éthique de l'autonomie*, Paris, PUF, 2006.
2. E. Kant, *Qu'est-ce que les Lumières ?* (1784), in *La philosophie de l'histoire*, Paris, Médiations, 1947.
3. Voir en ce sens E. Renault, *Souffrance sociale*, Paris, La Découverte, 2008, p. 195.

entreprise qui définit les objectifs à atteindre. L'emploi du concept d'autonomie sert uniquement pour « faire faire », en apparence volontairement, ce que l'on n'aurait probablement pas fait sans l'obligation de se conformer aux attentes des chefs d'entreprise. Et lorsqu'on cherche à faire passer pour « autonomes » des actes qui réalisent ce que d'autres attendent, une seule expression s'impose pour résumer ce processus : une nouvelle forme de manipulation. L'exaltation de l'autonomie personnelle cache, en effet, une tendance lourde : les salariés sont de plus en plus poussés par le management au mimétisme, au conformisme et au contrôle de leurs pratiques à travers des batteries d'indicateurs de performance. C'est pourquoi, tandis qu'on valorise la prise de décision et l' « autonomie », apparaissent de nouvelles formes d'aliénation dans le travail. Si l'employé n'atteint pas les objectifs qui lui sont assignés, ce n'est plus, dans ce nouveau système d'organisation du travail, parce que ces objectifs sont déraisonnables, mais parce qu'il n'a pas fait montre de la motivation ou des compétences nécessaires. Et les salariés sont impuissants à faire valoir leur point de vue : « N'ayant plus ni vis-à-vis solide auquel ils puissent faire face, ni collectif intermédiaire protecteur, les individus (...) sont renvoyés à eux-mêmes et rendus responsables de la réussite et de l'échec. »[1] Que reste-t-il alors de cette « autonomie » dont le management contemporain chante les louanges ? Ne sommes-nous pas face à une « manipulation » de l'autonomie qui, au lieu d'être ce qui permet à chacun de se donner sa propre loi, devient le moyen par lequel on assujettit aujourd'hui de plus en plus les travailleurs à la loi de l'entreprise ? La perversion du management ne consiste-t-elle pas justement à faire volontairement adhérer les salariés à leur propre servitude ?

1. J.-P. Le Goff, *Les illusions du management,* Paris, La Découverte, 2000, p. 158. Voir aussi J.-P. Le Goff, *La barbarie douce,* Paris, La Découverte, 1999.

Paupérisation du politique ?

Didier Deleule

En janvier 62 (av. J.-C.), Catilina trouve la mort – « percé de coups », nous rapporte Salluste –, après avoir valeureusement livré combat. L'homme, un temps allié à César, avait fait trembler la République romaine. Que voulait-il ? Quel était son programme ? La chose était assez simple en vérité : suivant une vieille tradition, il convenait de (ré)concilier l'aristocratie (classe d'où était issu Catilina) et la plèbe sans laquelle aucun projet politique – fût-il trompeur – n'était pragmatiquement réalisable. Catilina n'était sans doute ni pire ni plus recommandable que bien des démagogues (au sens où nous l'entendons aujourd'hui) qui ont bâti leur carrière, avec plus ou moins de bonheur, sur l'escroquerie intellectuelle (et, à l'occasion, pécuniaire), sur le faux-semblant, sur l'esbroufe et sur la corruption. Catilina demeure cependant digne d'intérêt dans la mesure où il incarne la figure désormais légendaire du parvenu satisfait de lui-même, libre de mœurs et volontiers provocateur, animé dans tous les domaines d'un insatiable appétit de conquête(s) qu'il lui faudra relancer à tout moment dans la crainte irréfragable d'un subit arrêt sur image.

Cicéron, consul et orateur – en bon Académicien –, tempère dans un premier temps (Première Catilinaire) tant d'ardeur parfois échevelée[1]. Il

1. Avant de se rallier, dans la Quatrième Catilinaire, contre César mais avec Silanus, à la condamnation à la peine de mort. Je renvoie à Salluste, Cicéron, *L'affaire Catilina,* trad. par Germaine Roussel, de Salluste, *La Conjuration de Catilina* et Cicéron, *Les Catilinaires,* Paris, UGE, « 10/18 », 1964.

Cités 35, Paris, PUF, 2008

calcule, raisonne (même processus en la circonstance), suppute, décide : renvoyer l'agitateur, mais ne point le condamner ; le livrer en somme à ses démons (quand bien même il retrouverait ses complices de conjuration), l'abandonner à ses fantasmes de pouvoir, sinon de puissance ; le laisser enfin en compagnie de ces rassemblements hétéroclites qui jamais ne feront une république, une « chose commune ».

Salluste et Cicéron décrivent avec précision les forces qui soutiennent l'entreprise de Catilina. Ce sont des parvenus, des surendettés, des déclassés, des soldats perdus[1], des épaves (tout ce que la République a suscité et réprouvé tout à la fois), prêts à tout pour récupérer un rudiment de privilège, à défaut de dignité. Aristocrates ruinés, prolétaires indigents se rejoignent dans ce combat incertain. En d'autres temps (le nôtre), on aurait pu sans trop forcer la note évoquer un processus fascisant ; mais, anachronisme pour anachronisme, « populisme » correspondrait sans doute mieux à ce qui était alors réellement en jeu. Or la politique qui, par définition et par vocation, n'a de sens que par rapport au peuple, est aussi constamment menacée dans son exercice, mais aussi dans son existence même, par cette excroissance de la souveraineté populaire qui a nom « populisme ». Le « populisme » est, à tous les sens du terme, la politique du pauvre, puisqu'il prétend restituer au « pauvre » sa dignité et ses moyens au moment même où il n'a de cesse d'appauvrir (financièrement, moralement, culturellement) celui auquel il prétendait consacrer toutes ses forces et apporter toutes ses convictions. Catilina incarnait à sa manière (il ne sera, cela va sans dire, ni le premier ni le dernier) une entreprise de paupérisation du politique : tout d'abord, en réduisant l'action politique à une affaire de prestige personnel ; ensuite, en considérant le champ politique comme un terrain domestique et en érigeant en conséquence l'aventure individuelle en modèle de tout gouvernement de la cité.

Catilina, d'après ce que nous savons, n'était pas non plus étranger à une certaine mise en scène de sa personne, à un exhibitionnisme plutôt assumé, à l'affichage peu embarrassé de sa vie privée. Ce sont là en vérité choses de peu d'importance tant qu'elles ne contribuent pas à la volonté délibérée d'en faire un argument de vente politico-médiatique. Cicéron ne manquait pas de relever ces manques, même s'il n'en faisait pas le centre de sa diatribe : cette paupérisation-là – cette « peoplelisation » ou « pipolisa-

1. Essentiellement des vétérans de l'armée de Sylla qui, en tant que dictateur perpétuel, fit trembler la République sur ses bases avant d'abdiquer en 79 av. J.-C.

tion », dirions-nous aujourd'hui dans notre approximatif franglais – n'était pas au cœur de sa charge. Que Catilina se soit volontiers exhibé avec ses favoris, ses hétaïres, dans de fins banquets où le discours philosophique n'était pas forcément le bienvenu, cela ne représentait pas aux yeux de l'orateur le symptôme terminal du déclin politique. Il est vrai que bien d'autres s'y sont livrés avec plus ou moins de constance, sans que le crédit qui leur était attaché en fût pour autant terni à jamais ; tout au contraire, la mise en scène spectaculaire du plus intime a pu, en certaines époques, faire partie intégrante des techniques de gouvernement[1]. La difficulté est d'une autre nature : elle concerne en réalité une forme de pensée que l'on pourrait, à nos risques et périls, analogiquement rapprocher de ce que nos voisins italiens ont depuis presque trente ans théorisé sous l'appellation de *pensiero debole.* « La pensée faible, déclare Gianni Vattimo (l'un des promoteurs, avec P. A. Rovatti, de ce courant de pensée), est plutôt une théorie philosophique de l'affaiblissement comme sens de l'histoire de l'être. »[2] L'inspiration heideggérienne est revendiquée ; Nietzsche – lui-même volontiers « heideggérisé » pour les besoins de la cause – y joue sa partie. Un certain postmodernisme prend ainsi ses aises. Sans doute convient-il d'entendre désormais que, dans le sillage de la récusation convenue des « grands récits » que le XIXe siècle s'était attaché à élaborer (Hegel, Marx, entre autres), mais tout autant dans le déni des autorités métaphysiques qui avaient promu l'étant suprême au détriment de l'Être condamné à un oubli fatal, surgit la volonté affirmée d'un pragmatisme de bon aloi, encore que non dépourvu de souci existentiel[3], néanmoins guidé par une *phronêsis* bien inspirée, sachant clairement et distinctement assigner au politique la tâche qui lui revient en son lieu même, son *topos,* en renonçant à toute utopie, toute uchronie, toute atopie (à entendre ici comme étrangeté ou bizarrerie). Cette politique apparemment « raisonnable » ou « raisonnée », aux antipodes de toute rêverie vespérale, volontiers adossée au fameux « désenchan-

1. La discrétion, face à la vie privée des puissants, est plutôt chose récente. Les « favorites », sous l'Ancien Régime, s'inscrivaient tout naturellement dans le système d'influence qui présidait à l'octroi des charges. Nul monarque ne songeait à dérober au regard du peuple celle qui était officialisée deuxième dame de France ; il importait, au contraire, de l'introniser et de la montrer (au moins pour un temps).

2. Interview de Vattimo du 29 mars 1993 à Turin, in Anne Staquet, *La pensée faible de Vattimo et Rovatti : une pensée-fable,* Paris, L'Harmattan, 1996, p. 173.

3. R. Rorty n'hésitait pas à se réclamer lui-même de cette *weak thought* (*Essays on Heidegger and Others,* Cambridge, Cambridge University Press, 1991, p. 6).

tement » qui, depuis quelques décennies, inspire les meilleures plumes, se révèle finalement assez conforme à l'idéal conforté de nos jours de « gestion » tranquille et sans histoire de nos affaires courantes. À cet égard, Paolo Rossi avait ironiquement et poétiquement posé le diagnostic lorsqu'il déclarait qu'à ses yeux la pensée faible « apparaît comme une variété, amoureusement cultivée en serre, d'une herbacée luxuriante qui s'était diffusée dans toute l'Europe »[1]. Certes, une pensée « faible » qui insiste sur l'affaiblissement de l'être dans le cadre d'une philosophie de l'histoire revue à la sauce heideggérienne n'est pas *a priori* un symptôme d'appauvrissement ou de paupérisation de la pensée, d'autant qu'à la différence de l'*arte povera* les matériaux qui alimentent la réflexion ne sont pas les déchets dont on fera à l'occasion œuvre d'art, mais bien plutôt les vestiges d'une tradition qui, pour décriée qu'elle soit, n'en demeurent pas moins les reliefs d'une aventure qui doit susciter une *pietas*[2]. On ne pourra pour autant s'empêcher de discerner, dans ce courant de pensée, sinon un appauvrissement de la velléité philosophique, du *philosophischen Drang,* du moins ce qu'il faudra bien considérer comme une relative « paupérisation » intellectuelle dans la mesure où la reprise lancinante du thème heideggérien de l'oubli de l'Être qui, par surprise, au sein même du triomphe planétaire de la technique, pourrait trouver une issue improbable dans l'*Ereignis* dont serait porteur, à son insu, le *Gestell,* nous assignerait la tâche de héraut trompetant tout autant que de faraud bien berné. C'est ici, qu'on le veuille ou non, que l' « affaiblissement » de la pensée rejoint la « paupérisation » du citoyen soudain dépossédé de ses droits élémentaires.

On ne pourra s'empêcher – mais par un autre biais – de retrouver en cette occasion le modèle domestique qui anime de nos jours certaines perceptions coutumières du politique. L' « affaiblissement » est aussi à sa manière un « appauvrissement » : ce peut être une manière de se débarrasser de ses scories, de s'épurer ou de se purifier ; de se désencombrer surtout de ses ornements, de son strass, de jeter par-dessus bord tout témoignage de luxe ou de clinquant et, dans la perspective d'une ascèse quasiment cynique, renoncer dès lors à tout artifice perturbateur d'une nature réputée bien ordonnée. Cet appauvrissement-là ne peut être que

1. P. Rossi, « Antichi, moderni, postmoderni », *Il Mulino,* 1988 (cité par A. Staquet, *op. cit.,* p. 96).
2. Voir la traduction par A. Staquet (*op. cit.,* p. 166) de G. Vattimo, « Dialettica, differenza, pensiero debole » (G. Vattimo, P. A. Rovatti (éd.), *Il pensiero debole,* Milan, Feltrinelli, 1983).

volontaire, non assujetti à une condition sociale d'emblée défavorisée. Il représente à bien des égards le contraire de la prolétarisation qui suppose, quant à elle, une dépendance immédiate. Cet appauvrissement revendiqué comme mode de vie inspiré d'un naturalisme immédiat ne reconnaît comme dépendance à combattre que la gloriole et l'écran de fumée[1]. Le clochard – fût-il philosophe à la manière de Diogène – n'est certainement pas un prolétaire : la dépendance dont il veut se déprendre est sans doute tout à la fois intellectuelle, morale et sociale ; elle n'est nullement économique, à moins de supposer que l'assaut déjà mené contre une certaine forme de « société de consommation » ait pressenti les linéaments d'une envahissante « aliénation ». Toutefois, cet appauvrissement, en vertu d'un idéal de transparence déjà bien installé, ne laisse pas d'être accompagné de l'affichage sans vergogne de sa propre « nature » volontiers hédoniste, par l'étalage – dans sa version moderne ou postmoderne – de ses amours, de ses relations mondaines, voire de ses connivences. Attitude cynique là encore, mais d'une autre manière, puisque le mouvement cynique, depuis la Grèce ancienne, s'est toujours partagé entre ces deux versants apparemment contradictoires mais finalement assez complémentaires : ascétisme/hédonisme, discrétion/exhibition, renoncement/affirmation. Or cet appauvrissement est traditionnellement inséparable d'un retrait du politique : à la différence de la perspective platonicienne ou aristotélicienne, le cynisme n'a pas vocation à former le bon citoyen, à instruire une pédagogie civique. Le repli sur une vie conforme à la nature exige l'autarcie du sage, qui n'est pas celle du citoyen accompli ; la liberté, l'*éleutheria,* est ici l'attitude de celui qui a rompu tous les liens qui le rattachent aux valeurs communes de la cité, qui n'est plus l'esclave de la coutume ou de la loi, et qui prétend ne dépendre que de lui-même au fil des circonstances auxquelles il doit forcément s'adapter[2]. De la proclamation, parfois insistante, de la citoyenneté du monde, on ne doit pas inférer que l'on est partout chez soi, mais bien plutôt que l'on n'est nulle part chez soi, dans

1. La *doxa* (gloriole) et le *tuphos* (écran de fumée) dans la littérature cynique.

2. Le thème de l'adaptation aux circonstances *(péristasis)* est fort insistant dans la littérature cynique. On le trouve suggéré chez Diogène Laërce (*Vies et doctrines des philosophes illustres,* VI, 22 et 63) et développé dans les diatribes de Télès transmises par Stobée (voir Télès et Musonius, *Prédications,* trad. A.-J. Festugière, Paris, Vrin, 1978, p. 20 et s.) : il faut adapter sa conduite aux circonstances comme un acteur s'adapte aux différents rôles qu'il est appelé à jouer, comme le marin qui navigue suivant le vent et selon les conditions du moment, comme le soldat qui s'adapte à son équipement.

la marge symbolisée par le *pistos,* la jarre dans laquelle Diogène se réfugie. C'est dans cette désaffiliation volontaire qu'appauvrissement revendiqué et paupérisation du politique se rejoignent.

*
* *

La mise en relation de ces diverses figures (affaiblissement, appauvrissement, paupérisation) rencontre, semble-t-il, son lieu d'exercice privilégié dans ce que j'ai appelé le modèle domestique du politique qui effectue de nos jours un retour fracassant sur la scène politico-médiatique, alors même que la pensée politique moderne (au moins depuis David Hume, Adam Smith et quelques autres) n'avait eu de cesse d'en dénoncer les méfaits. « Les familles particulières sont les vrais modèles des Républiques », affirmait Richelieu dans son *Testament politique.* Thomas Mun écrivait, de son côté : « Il en est de même du trésor d'un royaume que du bien d'un particulier qui, ayant une très grande quantité de marchandises, ne cesse pourtant pas de faire son commerce avec ce qui lui reste d'argent comptant et d'acheter encore tous les jours d'autres marchandises. »[1] Selon Locke, « un royaume s'enrichit ou s'appauvrit de la même manière qu'un fermier et pas autrement »[2]. Il rejoint d'ailleurs ainsi, par un autre biais, son adversaire de toujours, Filmer, qui déclarait, quant à lui : « Si nous comparons les devoirs naturels d'un père avec ceux d'un roi, nous constatons qu'ils sont tout un, sans la moindre différence à l'exception de leur ampleur et de leur étendue. Comme le père vis-à-vis d'une seule famille, de même, le roi, comme père d'une multiplicité de familles, élargit ses soins de manière à préserver, nourrir, vêtir, instruire et défendre la république entière. »[3] C'était précisément contre l'analogie famille/nation, contre l'assimilation négociant/royaume, que Hume, dans le manifeste inaugural de ses *Discours politiques* de 1752, introduisait une distinction fondamentale entre « circonstance particulière » et « sujet général », « délibération particulière » et « raisonnement général »[4] : c'était

1. Thomas Mun, *Traité du commerce,* trad. de l'anglais par L. V., À Paris, chez Gervais Clousier, 1674, p. 51.

2. *Some Considerations on the Lowering of Interest* (1691), *Works,* London, 1823 ; reprinted by Scientia Verlag Aalen, Darmstadt, 1963, vol. V, p. 19.

3. Robert Filmer, *Patriarcha,* in Franck Lessay, *Le débat Locke-Filmer,* Paris, PUF, « Léviathan », 1998, p. 161 (trad. de F. Lessay).

4. Voir *Discours politiques,* trad. F. Grandjean, éd. bilingue, Mauvezin, TER, 1993, p. 10-11.

là manière de suggérer que le rôle de conseiller du Prince ne saurait revenir au négociant ou au banquier, dont le calcul est nécessairement limité à une série de circonstances particulières et dont le mode de penser, suffisant peut-être pour assurer un enrichissement progressif ou pour éviter une faillite, se révèle inapte à l'administration générale des affaires d'un pays. En somme, inscrit dans la tradition d'une économie politique construite et prodiguée sous la forme du conseil[1], Hume donne congé à cette tradition en refusant de confondre conseil et recette. La politique est chose trop sérieuse et trop grave pour être abandonnée à un mode de calcul qui peut se révéler pertinent lorsqu'il se déploie dans le cadre d'intérêts privés, mais dont il est avéré qu'il est complètement inadapté, et même injuste, quand on prétend en faire une règle de gouvernement. Ce qui est alors combattu, c'est bien l'idée qu'une nation serait comme une grande famille ou une vaste entreprise qui devrait équilibrer son budget à l'intérieur, sa balance commerciale à l'extérieur. Il s'agissait, à l'époque de Hume, de dénoncer comme ruineuses, aberrantes, absurdes toutes les mesures contraignantes qui pesaient sur les échanges et qui, dans le respect de trains de mesures que Smith rapportera plus tard à ce qu'il appelle le « système mercantile », reposent sur le dogme de l'équilibre budgétaire et de la balance du commerce. Contre la représentation effectivement « mercantiliste » d'un stock fini de richesses (un jeu à somme nulle) obligeant les nations européennes à « entreprendre » (au sens guerrier du terme) les unes sur les autres, puisque ce que l'un gagne est forcément perdu par l'autre, il s'agit de considérer qu'à une concurrence reposant sur la rivalité, la « jalousie », doit se substituer, dans une économie en voie de mondialisation (déjà), une concurrence conçue comme émulation : ce que l'un gagne n'est pas forcément perdu pour l'autre. Il se trouve que nous traversons maintenant une époque qui, tout en ayant en apparence entériné cette vision des choses, ne cesse, dans les pratiques qu'elle développe comme dans l'idéologie qui en soutient les procédures, de faire retour à ce que les pionniers du « libéralisme » avaient cru pouvoir définitivement évacuer. Le discours du « management », qui imprègne aujourd'hui la sphère publique, jusque dans les secteurs de l'éducation et de la santé, représente la pointe avancée de l'emprise du modèle domestique dans le

1. Rappelons que l'expression « économie politique » est introduite par Antoine de Montchrestien, auteur d'un *Traité de l'économie politique* (1615) en forme, pour l'essentiel, de conseils et de suppliques.

champ politique : il n'est plus seulement question de réduire l'intervention de l'État à peau de chagrin en transférant dans le secteur privé l'essentiel de ses fonctions traditionnelles, sans en exclure (conformément au dogme monétariste élaboré par l'École de Chicago) éventuellement les plus « régaliennes » ; il s'agit bien désormais de considérer l'État comme une entreprise privée, de ramener le citoyen au statut de consommateur (et, éventuellement, de travailleur) « atomisé » ou « communautarisé », en réduisant toujours plus les liens de solidarité qui sont au fondement même du tissu social, en substituant au gouvernement des hommes l'étrange notion de « gouvernance » censée rationaliser administrativement les relations sociales dans le cadre de stratégies par objectifs prioritairement soumises à un impératif d'efficacité[1].

C'est ici que se révèle avec éclat la paupérisation du politique qui n'est autre, en l'espèce, que le symptôme de ce « mépris » du politique, des politiques et de la politique, dont on nous rebat les oreilles depuis plus d'une décennie. Ladite paupérisation condense et renforce à sa manière les processus d'affaiblissement et d'appauvrissement précédemment évoqués auxquels il lui est loisible, au demeurant, de s'alimenter lorsque viennent sur le devant de la scène la fragmentation des objectifs induite par un postmodernisme militant (en lieu et place d'un projet de société politiquement construit), la nécessité de s'adapter aux circonstances (en lieu et place d'un volontarisme politique correctement ajusté), ce mélange de retenue et d'hédonisme susceptible, grâce à la participation de chacun, de réduire, par un nouveau tour de dénégation, la dimension conflictuelle propre à toute société (et précisément reconnue comme telle en régime démocratique) en ramenant l'*agôn* à une saine concurrence déployée au sein d'un concours de forces correctement orienté.

De l'affaiblissement de la pensée au retrait du politique (induit par l'appauvrissement volontaire), de ce retrait au mépris du politique (appuyé sur l'apologie de la gestion), la pente pourrait presque sembler fatale. Le triomphe du modèle domestique du politique, qui, accessoirement, fait mine d'ignorer que l'on est toujours le domestique de quelqu'un, représente la paupérisation suprême du politique, l'étape ultime d'un processus

1. Pour une étude précise et pertinente de la notion, je renvoie à l'article d'Albert Ogien : « La gouvernance, ou le mépris du politique », dans *Cités*, nº 32, 2007, p. 137-155.

de dépolitisation qui conduirait à l'anesthésie de la citoyenneté, à la fragilisation de la démocratie, à l'indifférence généralisée.

Du populisme initialement évoqué[1] à la domesticité insolemment imposée, il se peut, après tout, que la conséquence ne soit pas totalement incongrue.

1. À propos du « clientélisme », on ne saurait, encore aujourd'hui, se passer du maître ouvrage de Fustel de Coulanges, *La cité antique,* Paris, Flammarion, « Champs », 1984.

la démonstration qui consiste [illegible] inexistence de la chose [illegible] à la magi-
fication de la [illegible] indifférence parentale.
L'un [illegible] finalement [illegible] évoquer [illegible] dont [illegible] considérablement
impo[illegible], il se peut après tout que les conséquences ne soient pas totalement
inconnues.

[illegible]

GRAND ARTICLE

*La citoyenneté sociale menacée**

Robert Castel

Je voudrais souligner l'importance d'un registre qui me paraît complémentaire de la citoyenneté politique, ce que l'on peut appeler la citoyenneté sociale : montrer qu'elle constitue, avec la citoyenneté politique, l'autre socle de la citoyenneté démocratique. Il s'ensuit que le risque de dégradation de cette citoyenneté sociale, qui est une des caractéristiques inquiétantes de la conjoncture contemporaine, porte aussi une menace pour la citoyenneté elle-même.

Mon propos portera donc principalement sur les effets des transformations économico-sociales qui s'imposent depuis une trentaine d'années – depuis ce que l'on a commencé à appeler la « crise » au début des années 1970, et qui s'est avéré être bien davantage qu'une turbulence passagère. En fait, c'est d'un changement de régime du capitalisme qu'il s'agit, la sortie du capitalisme industriel et la remise en cause de la forme d'équilibre entre le social et l'économique auquel il était laborieusement parvenu. Je voudrais montrer, ou à tout le moins suggérer, que la remise en question de ce compromis (ce que l'on a appelé le « compromis social » de la période qui a suivi la Seconde Guerre mondiale) n'est pas une simple péripétie de l'histoire économique. Elle pourrait déstabiliser un des fonde-

* L'origine de ce texte est une communication prononcée lors du colloque « La légitimité démocratique en question », organisé par Yves Charles Zarka dans le cadre d'un programme ANR « Concurrences de légitimités » (18-19 octobre 2007 à la Sorbonne).

ments d'une société démocratique, la possibilité pour l'ensemble des citoyens de former une « société de semblables » selon la formule de Léon Bourgeois, c'est-à-dire une société dont tous les membres disposent des ressources et des droits de base nécessaires pour s'inscrire dans des systèmes d'échanges réciproques au sein desquels chacun peut être traité à parité.

Tout d'abord, je mettrai en perspective l'importance de la citoyenneté sociale à partir des limites de ce que Peter Wagner appelle « la modernité libérale restreinte »[1]. Dans son livre *Liberté et discipline : les deux crises de la modernité,* Peter Wagner montre bien que la conception de la citoyenneté qui s'est imposée au début de la modernité et dont la Déclaration des droits de l'homme et du citoyen représente le manifeste flamboyant, s'est d'abord appliquée d'une manière extraordinairement restrictive.

C'est vrai d'abord sur le plan proprement politique. Les barrières, censitaires et autres, à un exercice pleinement démocratique de cette citoyenneté ont eu la vie dure, et on sait par exemple que les femmes en France n'y ont pleinement accédé qu'après la Seconde Guerre mondiale. Mais je n'insisterai pas sur cet aspect de la question dont je ne suis pas un spécialiste. Il me semble que sur ce point les travaux de Pierre Rosanvallon par exemple sont très éclairants.

Mais sur le plan social cette amputation dans l'exercice de la citoyenneté est encore plus tangible. Il n'est que de relire par exemple les innombrables descriptions du paupérisme au XIXe siècle pour réaliser à quel point un prolétaire est faiblement, pour ne pas dire pas du tout, un citoyen. Sans doute à partir de 1848 participe-t-il à la citoyenneté politique, puisqu'il a le droit de vote. Mais socialement parlant il n'est rien, il n'a pratiquement aucun droit ni aucune reconnaissance sociale, et il est au contraire objet de mépris. « Il inspire plus de dégoût que de pitié »[2], dit de lui, en 1840, Eugène Buret pourtant bon catholique social et observateur sensible des malheurs du peuple. D'ailleurs 1848 a fait éclater cette contradiction entre la reconnaissance de la citoyenneté politique par le suffrage universel et un déni complet de reconnaissance et de droits sociaux qui s'est cristallisée à ce moment-là autour de la question du droit au travail.

1. Peter Wagner, *Liberté et discipline : les deux crises de la modernité,* trad. franç., Paris, A.-M. Métailié, 1996.
2. Eugène Buret, *De la misère des classes laborieuses en France et en Angleterre,* Paris, 1840, t. I.

Qu'est-ce que la citoyenneté sociale ? Je n'ai pas la prétention d'en donner une définition savante, mais on peut la caractériser par le fait de pouvoir disposer d'un minimum de ressources et de droits indispensables pour s'assurer une certaine indépendance sociale. Par exemple, un vieux travailleur qui ne peut plus travailler et se trouve obligé d'aller croupir avant de mourir dans la honte à l'hospice pour indigents ne peut être considéré comme un citoyen à part entière même s'il lui venait à l'idée (qui ne lui viendra sans doute pas) d'aller voter. Par contre, s'il a le *droit à la retraite,* il ne vivra certes pas dans l'opulence comme un riche propriétaire. Mais ce n'est pas la question. Ce qui est en question, ce n'est pas la stricte égalité des conditions sociales. C'est la question de l'indépendance sociale minimale dont on peut disposer pour être maître de ses choix. Ainsi ne pas être dans la dépendance immédiate de besoin, ne pas être dans une relation unilatérale de sujétion à l'égard d'autrui, ne pas être dans la dépendance de l'assistance qui fait que de faibles ressources vous sont octroyées sur la base d'une déficience. C'est donc la question de pouvoir disposer d'un socle de ressources pour entrer dans un système d'échanges réciproques, pouvoir nouer des relations d'interdépendance et ne pas rester pris dans des rapports unilatéraux de sujétion.

Le droit à la retraite n'est qu'un exemple de cet édifice des protections sociales qui ont permis de sortir du cadre de la « modernité libérale restreinte » et de généraliser, ou de démocratiser, l'accès à la citoyenneté. Surtout durant la période qui a suivi la Seconde Guerre mondiale jusqu'aux années 1970, la grande majorité des citoyens des pays d'Europe occidentale, sous des modalités diverses, ont été dotés de ces ressources de base qui sont exigibles en droit et sont devenues constitutives de leur être social. On pourrait aussi parler de sécurité sociale généralisée, ou de « société assurantielle » qui assure à presque tous ces protections de base.

C'est le pendant de la citoyenneté politique. L'ensemble des individus-citoyens peuvent pleinement exercer leurs fonctions politiques parce qu'ils disposent d'une certaine indépendance sociale. L'exercice de la citoyenneté n'est plus un privilège renvoyant à des particularités sociales monopolisées par une élite plus ou moins large, comme elle l'était sous la modernité libérale restreinte. On pourrait dire que la citoyenneté s'est vraiment démocratisée parce qu'elle peut désormais être partagée par l'ensemble des membres de la Nation, à part sans doute une frange marginale qui demeure dans une situation de sous-citoyenneté. Ainsi ce que l'on va appeler le « Quart Monde » : des individus et des groupes qui ne sont pas entrés dans la dynamique du développement économique et social et qui représentent au sein de la Nation comme des zones de sous-développement de type Tiers Monde. Ce ne sont pas vraiment des sujets à part entière de la société moderne. Mais on pense aussi alors en général qu'ils représentent des îlots archaïques en voie de résorption progressive, au fur et à mesure que s'étendent les caractéristiques de la modernité démocratique.

Ce que je voudrais maintenant souligner, c'est que la construction de cette citoyenneté sociale, bien qu'elle se donne comme une propriété générale que partagent pratiquement l'ensemble des citoyens, dépend en fait de conditions spécifiques et historiquement déterminées. Il s'agit en fait de deux conditions principales dont il faut noter qu'elles sont en dehors de la sphère du politique à proprement parler : le quasi-plein-emploi et la consistance du statut de l'emploi. Ce sont deux points qui ne peuvent être complètement documentés ici, mais on pourrait montrer, qu'au moins s'agissant de la France, c'est essentiellement à partir de la consistance des conditions de travail, de la solidité de la condition salariée, qu'a été construite cette citoyenneté sociale. C'est parce que presque tout le monde travaille, et travaille dans le cadre d'un statut auquel sont rattachés des protections et des droits forts, que presque tout le monde jouit de cette citoyenneté sociale. C'est une condition salariale saturée de droits qui est devenue le socle sociologique principal de la possibilité de généraliser la citoyenneté pour le travailleur lui-même et pour ses « ayants droit » comme on dit si bien à propos de sa famille. De sorte que la déstabilisation de ce socle risque de déstabiliser les conditions mêmes de l'accès à la citoyenneté sociale, et sans doute de la citoyenneté en général.

C'est en ce sens que je voudrais insister maintenant sur les implications de ce double phénomène qui s'est installé dans notre société, le chômage de masse et la dégradation du statut de l'emploi, et qui vont bien au-delà de ses conséquences économiques. En effet, lorsque l'on a commencé à parler de la « crise » au début des années 1970, on a tout de suite été sensible à cette double montée du chômage et de la précarisation des relations de travail. Mais on a mis beaucoup de temps à en dégager toutes les implications parce que l'on a pensé qu'il s'agissait d'une situation transitoire, un moment difficile à passer en attendant la « reprise » comme on disait, qui serait aussi le retour au quasi-plein-emploi. On sait que ce n'est pas ce qui s'est produit, le chômage s'est installé, la précarité s'est développée, de sorte qu'il est sans doute nécessaire de réinterroger aujourd'hui ce qu'il faut entendre par « chômage » et par « précarité ».

Sur le chômage, il se pourrait que le chômage soit devenu plus que le chômage si l'on entend par « chômeur » un « demandeur d'emploi », comme l'on dit, qui attend plus ou moins longtemps de retrouver un emploi. En effet, le chômage classique est un moment plus ou moins long de transition entre deux emplois. Mais aujourd'hui il y a des gens qui s'installent dans le non-emploi sans pouvoir retrouver un emploi. On peut faire l'hypothèse – même si elle est un peu effrayante – qu'un véritable plein-emploi serait désormais impossible, si l'on entend par « emploi » le statut classique de l'emploi tel qu'il existait dans la société salariale : de longue durée (l'hégémonie du CDI), correctement payé (au minimum le SMIC) et accompagné de toutes les prérogatives du droit du travail et de la protection sociale.

Certes les taux de chômage qui avaient atteint plus du dixième de la population active ont une certaine tendance à baisser selon les dernières statistiques. Mais il faut regarder de plus près ce que l'on entend par « création d'emplois ». Très souvent ce ne sont pas des emplois complets, des emplois à plein temps, mais du travail à temps partiel, des formes diverses de ce que l'on appelle des emplois « atypiques ». Et cela me paraît très important. Même la réduction des taux de chômage n'implique pas nécessairement le retour au plein-emploi. Il se pourrait que le régime actuel du capitalisme tel qu'il s'impose depuis une vingtaine d'années avec la concurrence exacerbée au niveau mondial soit incapable d'assurer le plein-emploi au sens fort du mot. Par contre, il appelle l'activité. Il pousse à ce que tout le monde travaille dans « une société de pleine activité », pour reprendre un mot d'ordre de l'Organisation de coopération et de développement économique, mais qui seraient pour beaucoup des activités en deçà de l'emploi au sens plein du mot. Il pourrait y avoir à la limite une pleine activité et en même temps du sous-emploi, une pleine activité faite pour une part croissante d'activités de plus en plus dégradées par rapport à l'emploi.

Et ici je me tourne vers la deuxième branche de mon raisonnement, le développement de la précarité, c'est-à-dire les différentes manières d'être employé mais d'une manière partielle, intermittente, avec des alternances de périodes d'emploi et de non-emploi, avec en même temps de faibles ressources et toujours dans l'incertitude des lendemains. Je fais l'hypothèse, parallèle à celle que j'ai faite à propos du chômage, qu'il serait peut-être nécessaire aussi aujourd'hui de repenser ce qu'il faut entendre par « précarité ». On a eu tendance en général à se la représenter comme une situation marginale par rapport au marché du travail, un état provisoire, un mauvais moment à passer en attendant de s'installer dans l'emploi durable, comme ces jeunes qui expérimentaient plusieurs petits boulots avant de se fixer définitivement : ce n'était pas si terrible, à condition que ça ne dure pas trop longtemps.

Il semble que cette représentation ne correspond plus exactement à la dynamique actuelle du marché du travail, du moins dans de nombreux secteurs. Je dois me contenter ici de quelques données sommaires qui vont en ce sens. La forme complète du statut de l'emploi correspond à ce que nous appelons le CDI, le contrat à durée indéterminée. À côté on parle de « formes atypiques d'emplois » pour désigner les contrats à durée déterminée, le travail en intérim, le travail à temps partiel. Or, si, en termes de stocks, comme disent les économistes, les CDI sont encore majoritaires (de l'ordre de 60 %), en termes de flux – c'est-à-dire d'entrée sur le marché du travail – plus de 70 % des nouvelles embauches se font sous ces formes. Ce qui veut dire qu'à terme l'instabilité de l'emploi est en train de remplacer la stabilité de l'emploi comme le régime dominant de l'organisation du travail. Cela n'a peut-être plus beaucoup de sens d'appeler « atypiques » des formes de travail qui deviendront majoritaires.

Mais ces contrats « atypiques » ne sont pas les seules formes de précarité. On voit également le développement, en particulier dans le cadre de la lutte contre le chômage, de ce que l'on appelle les « contrats aidés », souvent pour les jeunes mais pas seulement, et qui concernent à la fois le secteur marchand et le secteur non marchand. Ce sont en général des contrats très limités dans le temps (six mois ou un an), éventuellement renouvelables, faiblement payés et très mal protégés. Ils sont censés déboucher sur l' « emploi durable », mais ce n'est pas toujours le cas, bien loin de là, et souvent une même personne passe d'un emploi aidé à un autre avec entre-temps aussi parfois la fréquentation de *stages* qui eux non plus ne débouchent pas nécessairement sur l'emploi, il s'en faut de beaucoup. Je ne voudrais pas vous lasser par des détails trop fastidieux car je pourrais poursuivre cette description d'une nébuleuse d'activités de ce type. Ainsi parler du développement des « services à la personne », dont on dit toujours qu'ils sont un « inépuisable gisement d'emplois ». Sauf que très souvent ils consistent à faire quelques heures par semaine et entretiennent le développement du travail partiel.

Ce que je veux suggérer par là, c'est que l'on pourrait assister à une déconstruction de la structure même de l'emploi. Elle n'affecte certes pas – ou, en tout cas, pas encore – l'ensemble des emplois, mais elle n'est pas pour autant marginale. Il s'installe un nouveau régime du travail en deçà du statut de l'emploi classique et dont l'expansion est sous-tendue par cette extraordinaire pression qui s'exerce actuellement pour mettre tout le monde au travail. Il ne faut plus d'assistés, et il ne faudrait même plus de chômeurs car la plupart des chômeurs seraient des « chômeurs volontaires ». Il faut que tout le monde travaille pour ne pas être stigmatisé comme un « mauvais pauvre » vivant aux crochets des deniers publics. Il en résulte qu'on ne saurait être trop exigeant sur les prérogatives attachées au travail en termes de rétribution comme en termes de droits. D'où par exemple la thématique du *travailleur pauvre* qui avait pratiquement disparu dans le contexte de la société salariale et qui s'impose avec de plus en plus d'insistance en France depuis quelques années. On peut travailler sans que le travail assure les conditions de base de l'indépendance économique et sociale.

Certes il y a des gens qui s'en sortent plus ou moins bien à partir de ces situations. Mais il y en a aussi qui s'y installent. C'est pourquoi je disais aussi qu'il faudrait peut-être reconsidérer ce que l'on entend par « précarité ». Paradoxalement il peut y avoir une précarité permanente, une consistance de la précarité qui deviendrait non pas une exception ou un état transitoire, mais un régime de croisière, une sorte de zone de la vie sociale qui est encore dans l'ordre du travail mais qui n'est plus à proprement parler de l'emploi. On pourrait appeler « précariat » cette condition qui se développe en deçà du salariat ordinaire et qui prend de multiples formes qu'il faudrait analyser de plus près. En un sens, ces personnes sont encore des salariés, elles touchent une rétribution pour leur travail. Mais elles ne sont plus des salariés à part entière parce que leur salaire est en général insuffisant pour assurer leur indépendance économique et sociale, et aussi parce qu'elles sont perpétuellement dans le provisoire. Elles n'ont pas ce *statut stable* de l'emploi qui pourrait être la base de leur intégration sociale. C'est pourquoi elles relèvent aussi souvent partiellement de l'aide sociale. Elles sont dans cette position mixte et inconfortable entre travailleurs et assistés.

La citoyenneté sociale est menacée parce que son socle se fissure, s'il est vrai que ce socle reposait dans une large mesure sur le statut de l'emploi et sur le quasi-plein-emploi. Il risque d'y avoir ainsi dans notre société un nombre croissant d'individus en état de sous-citoyenneté sociale.

Qu'est-ce que cela peut signifier en termes de légitimité démocratique ? La légitimité démocratique pourrait être remise en question par la dissociation de la citoyenneté politique et de la citoyenneté sociale. Sans doute faut-il se méfier de l'expression « démocratie formelle », qui a beaucoup servi. Néanmoins, la participation réelle des citoyens ne se réduit pas à leur inscription dans une logique politique qui assure leur représentativité et le choix des représentants du peuple à travers des procédures électorales si raffinées, si ajustées et si contrôlées soient-elles. Elle ne se réduit pas non plus à l'implication des citoyens dans des consultations et des prises de décisions qui les concernent. Ou, plutôt, il faut s'interroger sur les conditions qui rendent possible ou, au contraire, impossible cette participation des individus aux décisions qui engagent leur destin politique.

J'espère ne pas céder aux tentations du sociologisme en disant que ces conditions sont, au moins pour une bonne part, sociales. J'ai fait en tous les cas l'hypothèse, mais qui est à mon sens davantage qu'une hypothèse, qu'un régime démocratique repose sur un socle de conditions sociales que l'on pourrait qualifier, en reprenant l'expression de Léon Bourgeois à laquelle j'ai fait référence au début de mon propos, de « société de semblables ». Ou, pour le dire autrement : la démocratie pourrait être l'expression politique de ce qu'est, en termes sociologiques, une « société de semblables », c'est-à-dire une société dont les membres disposent des conditions nécessaires pour participer à part entière à la vie sociale.

Or force est aujourd'hui de constater qu'en raison de la dynamique que j'ai esquissée et qui a ses racines dans l'avènement de ce nouveau régime du capitalisme qui joue la concurrence exacerbée au niveau mondial, un nombre croissant d'individus perdent ces conditions, ou n'arrivent pas à les acquérir. Ils sont invalidés par une conjoncture dont il faudrait pouvoir parler plus longuement, et se retrouvent en situation de sous-citoyens, un peu comme l'étaient les prolétaires du XIXe siècle dans des conditions bien différentes. Mais est-ce qu'un allocataire du RMI est vraiment un citoyen ? Ou un chômeur de longue durée, ou un jeune qui galère en quête d'un impossible emploi ? Il faut poser les questions sans que cela implique le moindre mépris pour ces personnes. Je ne participe pas, personnellement, à cette campagne de stigmatisation des assistés qui fait rage actuellement.

Mais il faut reconnaître qu'elle existe, qu'elle est populaire et qu'elle est efficace, au point qu'elle n'a pas été sans effets sur les enjeux électoraux récents, ce qui veut dire qu'elle a des effets directement politiques. Ces condamnations de tous ceux qui ne travaillent pas, assimilés aux « mauvais pauvres » d'autrefois, sont dangereuses pour la démocratie car elles instituent un clivage qui se creuse entre deux catégories de la population. Il y a les citoyens à part entière, et ce sont toujours ceux qui sont censés tirer leur indépendance et leur dignité de leur travail (ceux « qui se lèvent tôt »). Et il y a les assistés, les parasites, les mauvais pauvres, etc., qui vivent largement au crochet des premiers. Or, derrière ces condamnations morales, il y a un déficit de citoyenneté sociale. Ceux qui sont ainsi renvoyés à l'indignité de sous-citoyens sont aussi, le plus souvent, les perdants dans le nouveau jeu de la concurrence économique qu'ils étaient mal armés pour affronter. C'est ce que l'on appelle « blâmer les victimes ». La sociologie peut avoir ici son utilité en rappelant que la capacité de se conduire comme un individu indépendant n'est pas une donnée substantielle attachée de toute éternité à la qualité d'individu en tant que tel : elle dépend de ressources et de droits qui sont nécessaires à cet individu pour qu'il puisse accéder à la citoyenneté sociale.

À travers la perte de ces supports par un grand nombre d'individus, on observe la progression d'un processus de délégitimisation de la citoyenneté sociale qui est à l'œuvre depuis une trentaine d'années et qui risque de se payer d'une délégitimisation de la citoyenneté politique. La légitimité démocratique est à coup sûr remise en question par des transformations qui affectent la sphère du politique proprement dit. Mais elle est aussi remise en question par une séparation qui se dessine sur le plan social entre ceux qui disposent des conditions nécessaires pour jouer le jeu de la citoyenneté et ceux qui en sont privés.

VARIA

Égalité des chances et reconnaissance

Sur une surprenante contradiction des méritocraties démocratiques

CHARLES RAMOND

L'égalité des chances est l'horizon de nos sociétés démocratiques modernes (opposées par définition et par essence aux sociétés de caste ou aux sociétés aristocratiques de toute nature, dans lesquelles il n'y a pas égalité, mais inégalité des chances), leur moteur le plus vif, leur cœur battant[1]. Mise au premier plan de l'action de l'État par l'actuel président de la République comme par son prédécesseur, elle entraîne en sa faveur tant de mouvements humains, justes et bons, qu'elle devient l'objet d'une sorte de révérence sacrée, disqualifiant d'avance toute discussion théorique. Il y a eu sans doute de sérieux et profonds débats à propos de la question de la « parité » ou de la « discrimination positive », mais l'argument décisif en faveur de telles pratiques (anti-universalistes, et donc à strictement parler anti-égalitaires) était justement que ce type de discriminations méritait d'être essayé, au moins pendant une période provisoire, pour favoriser l'égalité des chances de certaines catégories historiquement lésées. Dans tous les cas, on ne portait atteinte à l'égalité des chances que pour mieux la réaliser, et le souci de l'égalité des chances restait donc bien l'horizon de ces pratiques momentanément inégalitaires.

1. Comme en témoignerait encore très récemment la parution des ouvrages d'Alain Renaut, *Égalité et discriminations. Un essai de philosophie politique appliquée,* Paris, Le Seuil, 2007, et de Pascal Savidan, *Repenser l'égalité des chances,* Paris, Grasset, 2007.

Cités 35, Paris, PUF, 2008

Je voudrais cependant revenir ici, d'un point de vue logique et théorique, sur cette notion d'égalité des chances, pour mettre au jour ce qui m'y est apparu de plus en plus clairement comme un paradoxe tout à fait frappant, permettant à son tour de rendre compte de certaines contradictions de nos attentes sociales. Je voudrais en effet montrer que, si l'égalité des chances a pour fonction principale de permettre la *reconnaissance* d'une supériorité ou d'un accomplissement quelconques dans nos sociétés, elle enveloppe pourtant une logique qui conduit exactement au résultat contraire – à savoir, à l'*impossibilité d'une telle reconnaissance*. L'égalité des chances serait ainsi à la fois la condition de possibilité et la condition d'impossibilité de la reconnaissance. Tel est en effet, formulé de façon quelque peu derridienne, le paradoxe fondamental de l'égalité des chances que je souhaiterais ici exposer à l'examen.

Si elle était cultivée pour elle-même, l'égalité des chances serait un dogme. Mais elle est en réalité essentiellement finalisée. Elle a pour but en effet de légitimer et de valoriser, donc de produire du consensus et de la reconnaissance, au sujet de la sélection d'élites par le moyen de la méritocratie, autre grande valeur républicaine (puisque, si on ne considère plus la naissance, il faut bien considérer le mérite). Lorsqu'un concours (et la démocratie, Tocqueville le notait déjà, est une sorte de concours permanent ouvert à tous) respecte l'égalité des chances des candidats, les vainqueurs sont reconnus par leurs concurrents malheureux comme par la société. Et la reconnaissance du succès, et donc de la supériorité, de celui qui l'a emporté vient très directement de la reconnaissance par chacun du fait que l'égalité des chances était présente dès le départ, et tout au long de la compétition.

La reconnaissance semble donc bien suivre le mouvement de l'égalité des chances : l'une et l'autre croissent et décroissent ensemble. Lorsque les chances sont trop inégales, la victoire ou la supériorité ne sont pas reconnues (« À vaincre sans péril on triomphe sans gloire »), à moins bien sûr que le plus faible ne l'emporte, comme David face à Goliath – mais la victoire de Goliath n'aurait été l'objet d'aucune estime, d'aucune reconnaissance. Inversement, lorsque les candidats sont rigoureusement dans les mêmes conditions, la victoire de l'un d'entre eux est l'objet d'une très intense valorisation, estime ou reconnaissance, comme c'est le cas pour les grands concours ou les grandes compétitions.

Comment obtient-on cette égalité des chances ? Un certain flou règne ici, malgré les apparences du sérieux et de la précision. Selon les domaines, en effet, les exigences ne sont pas absolument les mêmes, sans qu'on puisse bien dire toujours pourquoi on observe des variations. Il y a beaucoup de coutume et de non-dit en cette matière. Par exemple, il semblerait tout à fait contraire à l'égalité des chances que, dans une compétition de football, l'une des deux équipes rentre sur le terrain avec 12 joueurs. En revanche, aucune indication n'est donnée sur la taille et le poids maximaux des joueurs. En ski, ou en tennis, ou en natation, le sexe est pris en compte, mais pas le poids ; et en judo le sexe compte, mais aussi le poids. Pour les jeunes enfants, on tient compte des différences d'âge ; on reproduit ces différences entre adultes, seniors, « vieilles pointes », dans un bon nombre de courses, mais pas aux Jeux olympiques ni aux Championnats du monde. Et que dire de l'équipement ? Le cyclisme, par exemple, a connu de célèbres controverses à propos des repose-mains au milieu du guidon, ou des roues lenticulaires... L'égalité des chances, pourtant si importante pour la qualité et la reconnaissance du résultat, est donc respectée parfois en gros, parfois en détail, sans qu'on puisse toujours percevoir une véritable logique dans ces variations. Et, puisque le dopage est affaire de définition, la lutte contre le dopage présente les mêmes incertitudes : il est extrêmement difficile de définir les pratiques ou les produits qui portent effectivement atteinte à l'égalité des chances.

L'égalité des chances, tant invoquée, n'est donc pas universellement définie. Elle semble même impossible à atteindre. En effet, imaginons que, dans un concours quelconque, aucun des candidats ne se dope, aucun ne prenne le moindre produit interdit. Pourrait-on dans un tel cas parler en toute rigueur d'égalité des chances ? Non, bien sûr, parce que des différences physiologiques, psychologiques, sociales, ou de quelque nature que l'on voudra, y feraient toujours obstacle. Deux cyclistes, dont le rythme cardiaque au repos diffère de 20 pulsations par minute, sont-ils à égalité de chances ? Pas plus qu'un « poids moyen » et un « poids lourd » ne le seraient en boxe. Deux candidats, dont l'un est capable de garder son calme en situation d'oral, tandis que l'autre perd ses moyens, sont-ils vraiment à égalité de chances ? Pas plus. Nos méritocraties légitiment et accordent donc la reconnaissance de tous à des vainqueurs qui sont en réalité presque toujours en position sinon de « tricheurs », du moins de favorisés.

La différence entre « égalité des chances » et « égalité des droits » apparaît ici en pleine lumière. L'égalité des droits, en effet, s'accommode par principe de la différence, voire de l'inégalité des situations ou conditions.

Elle est même une sorte de démonstration permanente de sa capacité propre à dépasser les inégalités de situation : tous les citoyens, qu'ils soient riches ou pauvres, hommes ou femmes, etc., ont le « droit » de s'exprimer, de se réunir, de pratiquer un culte, de voter, d'être jugés équitablement, de ne pas être expropriés sans juste et préalable indemnité, etc. L'égalité des chances, au contraire, suppose nécessairement, d'un point de vue logique, l'égalisation progressive, mais totale, des conditions. Car cela n'aurait aucun sens de dire qu'on est « à égalité de chances » dans des situations ou des conditions différentes.

Axel Honneth commet donc une faute contre la logique de l'égalité des chances lorsqu'il propose, pour réaliser l'égalité des chances, de ne distribuer que des « biens élémentaires » à l'ensemble des citoyens[1]. Pourquoi, en effet, s'arrêter à la distribution de « biens *élémentaires* » (*Grundgüter,* « biens de base ») ? La marche vers l'égalité des chances, selon Honneth (qui suit en cela une vision assez généralement répandue et, d'ailleurs, plausible), aurait suivi la marche des siècles, les « droits civils » étant acquis (toujours par les luttes sociales) au XVIIIe siècle, les « droits politiques » au XIXe et les « droits sociaux » au XXe siècle[2]. Si l'on poursuivait une telle ligne, il faudrait sans doute imaginer, pour notre XXIe siècle, ou pour les siècles à venir, la revendication de droits nouveaux, qui iraient vers une effectivité toujours plus grande de l'égalité réelle des chances : après les droits « civils », puis « politiques », puis « sociaux » et « économiques », nous irons peut-être vers des « droits d'accomplissement personnel », ou des « droits de réussite », ou des « droits de satisfaction », ou « droits au bonheur » – bref, quel que soit le terme, vers des « droits » qui seraient pleinement égalitaires, parce qu'exercés dans une totale égalité des chances.

De ce point de vue, on ne peut donc que trouver un peu timide le discours de Honneth en termes de « biens élémentaires » ou de « capacités » (on trouve d'ailleurs la même orientation de pensée chez Ricœur, lorsqu'il s'appuie dans son *Parcours de la reconnaissance* sur une conception de l'homme « capable », reprenant ainsi à Amartya Sen le terme de *capability,* « capabilité »), comme si l'égalité des chances pouvait être conçue comme un socle « minimal », à partir duquel s'exerceraient des « capacités » variables. Il n'est pas cohérent, en effet, de soutenir que l'égalité des

1. Axel Honneth, *La lutte pour la reconnaissance,* Paris, Le Cerf, 2002, p. 140.
2. *Ibid.,* p. 142.

chances pourrait exister dans une telle distribution d'un « *minimum* de culture générale et de sécurité économique » <*ein Mindestmaß an Kultureller Bildung und an ökonomischer Sicherheit*>[1]. Si l'on estime, en effet, qu'un *minimum* de droits positifs suffit à l'égalité des chances (puisque, à partir de ce « minimum », les individus pourraient développer leurs « capacités »), alors il serait logique de revenir à la position abstraite, négative et formaliste, et de reconnaître que l'égalité des chances est déjà réalisée avec l'égalité des droits politiques (c'est-à-dire avec le « minimum » de droit positif), et qu'aucun droit positif supplémentaire n'est nécessaire – ce que précisément nie Honneth. Mais dès que, comme il le fait, on estime qu'il y a une corrélation entre le progrès de la positivité des droits et les progrès de l'égalité des chances, on ne peut que conclure que l'égalité des chances ne sera véritablement acquise que lorsque l'égalité des distributions ou des situations sera elle aussi totale. Car il ne peut exister d'égalité des chances entre celui qui dispose d'un « minimum de culture générale et de sécurité économique » ou de « biens élémentaires » et celui qui dispose d'une excellente culture générale et d'un haut niveau de revenus.

Une société dans laquelle l'égalité complète des chances serait réalisée est de ce fait non seulement impossible à construire, mais même inimaginable. Car on ne voit pas comment de nombreux individus pourraient se trouver dans une identité complète de situations. On ne peut donc raisonner qu'en projections. Supposons donc que l'on s'approche aussi près que possible d'une telle situation d'égalité des chances parfaites, il se produirait alors un basculement, et même un renversement tout à fait inattendu de notre propre raisonnement. Nous avons cru jusqu'ici pouvoir établir que la reconnaissance due au mérite croissait avec l'égalité des chances des concurrents. Mais si par hypothèse nous nous trouvions dans cette égalité réalisée, nous devrions à notre grande surprise conclure dans l'autre sens. Une situation d'égalité réelle des chances se rencontre en effet par excellence dans les jeux de hasard. Or il va de soi que, si vous tirez un six aux dés plutôt qu'un autre chiffre, vous n'en tirerez aucun mérite (et donc aucune reconnaissance), précisément parce que le six a exactement autant de chances de tomber que n'importe quelle autre face du dé. Il apparaît alors clairement qu'une situation de parfaite égalité des

1. *Ibid.*, p. 143 ; *Kampf um Anerkennung*, Suhrkamp Verlag, 1992 ; rééd. 2003, p. 190.

chances serait une situation dans laquelle nous n'aurions aucun mérite à l'emporter dans un concours, ou dans quelque confrontation que l'on voudra, car en réalité la victoire ne pourrait échoir qu'au hasard[1].

La logique de l'égalisation progressive des chances nous conduit ainsi à deux résultats contradictoires en termes de reconnaissance des mérites : d'un côté, à la valorisation de plus en plus grande de la supériorité obtenue dans de telles conditions ; de l'autre, par un brusque et inattendu renversement, à la dévalorisation complète de la supériorité obtenue. D'un côté, croissance de la reconnaissance avec l'égalité des chances ; de l'autre et simultanément, disparition soudaine de la reconnaissance du fait même de la réalisation de l'égalité des chances. En suivant la première voie, on associerait intimement la réalisation progressive de la démocratie à une méritocratie de plus en plus méritocratique ; en suivant la deuxième voie, on associerait la réalisation progressive de la démocratie au contraire du système méritocratique, à savoir au système le plus anciennement lié à la démocratie, le tirage au sort – très légitimement d'ailleurs : car toute méritocratie sécrète une aristocratie.

Nous avons sans doute intérêt à cette contradiction, comme à bien d'autres contradictions, et c'est pour cela que nous ne la voyons pas facilement. Mais je crois que nous ressentons tout de même, fût-ce confusément, cette dualité contradictoire, en termes de reconnaissance, de l'égalité des chances. À première vue, en effet, l'égalité des chances est une notion confortable et rassurante, source d'apaisement pour la société : ceux qui ont été vaincus « à la régulière » ne percevront pas leur sort comme une injustice, ou comme le résultat d'une fraude ou d'une tricherie, et donc ne se révolteront pas, car ils n'auront aucune raison de le faire. Dans une société sans dopage, l'égalité des chances serait ainsi le nouvel opium du peuple. Et cependant, plus l'égalité des chances se réalisera, plus elle avivera au contraire, et multipliera les désaccords, les conflits, et, plus généralement, le malaise démocratique. Si, en effet, comme je l'ai montré, l'égalité des chances suppose logiquement l'identité ou du moins l'égalité la plus grande possible des conditions effectives (sociales, économiques, culturelles, physiques, etc.), chacun voit bien (ou

1. On trouvera dans le roman de Luke Rhinehart *The Dice Man* (Londres, Talmy Franklin, 1971 ; traduit de l'américain par James du Mourier sous le titre *L'homme-dé*, Paris, L'Olivier-Le Seuil, 1995, 1998) la construction romanesque d'une vie entièrement soumise au hasard, avec toutes ses justifications philosophiques.

verra assez rapidement) que toute inégalité de condition peut être interprétée en inégalité inaperçue des chances. Qui aura remporté un concours, en cas d'égalité des chances promise au départ, se verra très vite soupçonné d'avoir triché, ou de ne pas avoir concouru dans une parfaite égalité des chances. Toute victoire, au lieu d'être reconnue, sera donc immédiatement soupçonnée. Si j'ai été vaincu, si mon voisin l'a emporté sur moi, c'est qu'il n'y avait pas véritablement égalité des chances, c'est qu'on m'avait trompé, parce que, s'il y avait vraiment eu égalité des chances, il n'y avait aucune raison (hors tirage au sort) pour qu'il l'emporte sur moi. Et donc l'égalité des chances, plus elle progressera dans les attentes sociales et individuelles, plus elle augmentera en réalité les contestations, les chicanes, les jalousies, les soupçons, les rancœurs et les sentiments d'injustice : cette « envie » mimétique qui progresse avec l'égalisation des conditions, comme l'ont si bien vu Tocqueville et Girard.

Et justement, dans la mesure où l'on peut admettre, avec Honneth et plusieurs autres philosophes (comme je l'ai fait), que l'égalité des chances est historiquement en cours de réalisation de plus en plus effective, ces analyses permettraient de rendre compte, me semble-t-il, de la remise en cause de plus en plus fréquente, dans nos démocraties, de l'idée même de victoire ou d'inégalité. D'un côté, sans doute, nous entretenons le culte méritocratique du succès dans l'égalité des chances, nous admettons que les sportifs durement sélectionnés ou que les grands managers pourvus des plus prestigieux diplômes gagnent des sommes d'argent considérables. De l'autre, cependant, nous soupçonnons de plus en plus les réussites, et acceptons de moins en moins les défaites. Je crois que ces deux phénomènes progressent exactement avec l'égalité des chances. Les minorités, par exemple, ressentent de plus en plus la domination de la majorité comme quelque chose d'injuste, ou reposant sur une injustice. Inversement, cela s'est vu en France à propos de l'Europe, le résultat d'un référendum, acte quasi sacré il y a encore trente ans, sera passé par pertes et profits (le Président de la République, pourtant battu, minimisera l'affaire et ne démissionnera pas). On peut aussi donner l'exemple de certains procès fameux comme le procès Simpson, ou récemment le procès d'Outreau, ou encore le fait qu'on ait introduit en 2001 l' « appel » dans les cours d'assises. Dans tous les cas, l'idée d'une défaite dans quelque cause que ce soit est toujours soupçonnée d'être le masque d'autres dominations injustes (de classe, de race, de culture, d'argent, etc.). Le culte de l'égalité des chances nous fait donc verser directement non pas seulement dans un

« accord public » fondé sur la « reconnaissance des mérites », mais au contraire et simultanément dans un « désaccord public » généralisé (et cela paradoxalement en l'absence de pluralisme[1], puisque l' « égalité des chances », nous l'avons vu, ne peut se concevoir que dans la stricte identité des situations et des conditions), dans lequel toute différence de fait (ou de situation) sera immédiatement interprétée en termes d'inégalité des chances, c'est-à-dire en termes d'injustice. C'est d'ailleurs un des traits caractéristiques du récent livre d'Emmanuel Renault[2], en cela parfaitement en phase avec l'évolution de nos mentalités, que d'étendre sans cesse la sphère de l'injustice, jusqu'à la faire coïncider avec la sphère de la domination.

Les aspects contradictoires de l'égalité des chances permettent donc, finalement, de jeter quelque lumière sur certains désaccords publics nouveaux (en ce qu'ils proviennent du mimétisme, et non pas de la confrontation de points de vue opposés) dans nos démocraties. Ils conduiraient même à apercevoir le caractère contradictoire de la méritocratie elle-même[3]. La reconnaissance des mérites repose en effet sur l'idée que, si deux individus luttent à « égalité de chances », celui qui l'emporte « mérite » son succès. Il a montré plus de « constance » et de « sérieux » dans son travail ou dans son entraînement, plus de « courage » ou de « persévérance », etc. – en un mot, plus de « capacités ». Mais « courage au travail », « persévérance », « sérieux » et « capacités », bien loin d'être également répartis, sont en réalité, tout comme la santé, la beauté, la

1. « Pluralisme et désaccords publics » était le thème du colloque organisé en juin 2006 à l'Université de Paris 1 - Panthéon-Sorbonne par l'Équipe de recherches « Normes, Sociétés, Philosophies », au cours duquel les idées développées ici ont été présentées pour la première fois.

2. Emmanuel Renault, *L'expérience de l'injustice. Reconnaissance et clinique de l'injustice,* Paris, La Découverte, 2004.

3. Alain Renaut, *op. cit.,* indique très justement l'aspect conceptuellement « délicat » (p. 156) de la question de l'égalité des chances, et va même jusqu'à souligner « les apories de la méritocratie » (p. 157, note). Mais liant toujours, conformément à la tradition républicaine, le « mérite » au « talent » et aux « efforts » (p. 175, 180 et en de nombreux autres passages), alors même qu'il admet une « inégalité de talents » (p. 190 *et al.*), il ne peut que rester pris dans cette aporie : car pourquoi tirerais-je un « mérite » d'un talent supérieur ? Cyrano de Bergerac, dans *Les États et Empires de la Lune* (in *Libertins du XVIIe siècle,* Paris, Gallimard, « Bibliothèque de la Pléiade », t. 1, 1998, p. 948-950), avait déjà au contraire souligné les apories de la reconnaissance par le mérite (même s'il ne s'exprimait pas exactement en ces termes). Je remercie très vivement Yves Citton, professeur de littérature à l'Université Stendhal-Grenoble 3, pour m'avoir fait découvrir ce passage de Cyrano au cours d'une discussion sur le présent texte.

richesse, la noblesse, ou une bonne éducation, des dons injustement distribués. Et comment distinguer « don » et « mérite », si le mérite est un don comme les autres ?

La perception douloureuse de cette incompensable injustice de la réalité sociale perce aujourd'hui dans les désaccords publics qui s'étendent avec les progrès de l'égalité des chances, alors même que les notions d'égalité des chances et de méritocratie avaient pour fonction de dissimuler une telle vérité. Puisque, en effet, l'égalité ou identité parfaite des *conditions* ne pourra jamais être réalisée, notre obsession de l'égalité des chances nous condamne à la fois à ressentir toute inégalité comme une injustice, et à demeurer enfermés dans un tel ressentiment. L'égalité réelle et positive des « chances » représenterait peut-être, de ce fait, un progrès plus illusoire que réel par rapport à l'égalité des « droits », égalité formelle sans doute, mais réalisable, et susceptible en cela de réduire les domaines de l'injustice et de la souffrance sociales.

CHRONIQUE INTELLECTUELLE

La crise du marxisme en Italie : 1980-2005

Esquisse d'une histoire des intellectuels (2)*

FRANCESCO FISTETTI

5. LA FRACTURE DE QUATRE-VINGT-NEUF

Avec 1989, quand, concomitamment à la chute des régimes communistes de l'Est européen, démarrent des processus de profonde transformation sociale, politique et culturelle que l'on ne désignera que plus tard par la formule récapitulative de « globalisation », la scène philosophique change radicalement, en Italie aussi. Les années 1980 avaient marqué le début de l'offensive néoconservatrice – avec Margaret Thatcher en Angleterre et Ronald Reagan aux États-Unis – qui devait mener au cours des années 1990 et de la fin du siècle au triomphe du néolibéralisme et des idéologies de marché libre. On part à l'attaque de l'*État-providence* de Keynes et de son *ethos* solidariste avec son idée-force d'une redistribution égalitaire de la richesse. Il y avait, incorporé dans ce modèle d'État, un projet inclusif de citoyenneté qui privilégiait une conception de la démocratie intimement liée à un idéal de justice sociale ou, pour employer une expression de Nancy Fraser, à un « paradigme distributif »[1], dont l'ascendance remontait clairement à l'histoire du mouvement ouvrier d'inspiration socialiste et à la façon dont il s'était développé dans les États nationaux de l'Europe occidentale, surtout à partir du second après-guerre. En outre, l'*État-providence* de

* La première partie de cet article a été publiée dans *Cités,* nº 32, « Sarajevo, l'islam d'Europe », p. 159 à 183. La suite de l'article sera publiée dans un prochain numéro de *Cités.*

1. Cf. Nancy Fraser, *Introduction : The Radical Imagination between Redistribution and Recognition,* in www.newschool.edu/gf/polsci/faculty/fraser.

Keynes reposait sur un double présupposé : 1 / le moyen de production fordiste avec ses temps de travail rigidement réglementés et une discipline sociale conforme à des codes de comportements traditionalistes en fait de famille, rapports de genre et sexualité ; 2 / une conception du développement économique comme développement illimité des ressources, fondé à son tour sur une exploitation et sur une manipulation sans limites de la nature. Au cours des années 1990, ces deux présupposés sont progressivement pris pour cible et attaqués par les nouveaux mouvements et les nouveaux acteurs sociaux, dont les luttes et les formes de conscience ne s'inscrivent plus à l'intérieur du paradigme de redistribution promu par l'*État-providence,* mais sont guidées par ce que l'on a nommé le « paradigme de la reconnaissance ». Est désigné, à travers cette célèbre catégorie de la philosophie hégélienne, le glissement du *Zeitgeist* de la centralité des luttes pour l'égalité économique et pour les réductions des inégalités sociales, qui avait caractérisé la phase de construction de l'État social de droit pendant le second après-guerre, aux luttes pour la valorisation des différences culturelles, de genre et de race, qui s'imposent comme une caractéristique de la politique mondiale après 1989. Il s'agit d'un véritable *tournant culturel* qui se manifeste à la fin du siècle et qui, par une sorte d'ironie de l'histoire, coïncide avec la reprise d'une hégémonie néolibéraliste au fur et à mesure que la globalisation fait sentir ses effets. C'est comme si la crise de l'*État-providence* keynésien avait dissocié économie et culture, en ce sens que d'un côté l'économique aspire à se déréguler et à se désétatiser (qu'il s'agisse de la planification autoritaire du communisme soviétique, ou de l'économie sociale de marché de l'Occident), et que de l'autre s'affirme un *Zeitgeist* postmatérialiste, c'est-à-dire que se répandent non seulement une sensibilité pour les styles de vie marqués par des valeurs et des orientations socioculturelles centrées, comme dirait M. Foucault, sur le « souci de soi » et sur l' « esthétique de l'existence »[1], mais aussi une critique serrée des aspects répressifs et autoritaires que l'État keynésien avait jusqu'alors laissés dans l'ombre. Les instances d'émancipation des femmes, des gays et des lesbiennes se retournent contre la grammaire traditionaliste des valeurs éthico-religieuses qui étayait l'organisation fordiste du travail et de la société avec son idéalisation idéologique de la famille et des rapports entre

1. Voir A. Ferrara, *Autenticità riflessiva. Il progetto della modernità dopo la svolta linguistica* [Authenticité réflexive. Le projet de la modernité après le tournant linguistique], Milano, Feltrinelli, 1998, en particulier le chapitre 5.

les sexes. L'histoire du féminisme italien – dans la pluralité de ses voix – se place dans cette dimension qui conteste à la racine le patriarcat dominant, critique la neutralité du droit moderne et réclame de « penser différemment », au féminin, par rapport à la métaphysique occidentale elle-même. C'est une histoire dont il y a encore tout à écrire et qui, en Italie, a déconstruit de l'intérieur le concept d'émancipation défendu par le marxisme qui l'avait confiné dans le cadre de l'économie ou des droits de cité[1]. Sur ce terrain, la lutte pour la reconnaissance n'est pas seulement une lutte pour la conquête de droits d'un type nouveau comme ceux de genre et de statut, mais elle vise à sauvegarder la dignité des personnes en tant que sujets moraux et à redéfinir, pourrait-on dire avec Levinas, le statut de la différence comme *différence- non-indifférente.* Toutefois, et c'est un paradoxe, les luttes pour la reconnaissance qui explosent dans les années 1990 sont intrinsèquement ambivalentes : à côté des objectifs d'émancipation et d'autodétermination du sujet-personne que poursuivent ceux qui revendiquent la différence de genre et la libération sexuelle, on trouve des formes et des pratiques d'un individualisme narcissiste et déresponsabilisant, que les agréments de la société de consommation et la société du spectacle alimentent. Il s'agit dans ce cas d'un individualisme utilitariste qui tient en échec l'individualisme démocratique de l'*homo civicus* qui, à la manière de Tocqueville, parie sur la citoyenneté active et sur la participation à la vie publique. Mais dans le domaine des luttes pour la reconnaissance dans les années 1990 prennent place aussi les tribalismes, les néonationalismes et les fondamentalismes d'inspiration religieuse – en un mot, toutes les conceptions qui emphatisent l'identité collective liée à l'appartenance à une communauté, à une nation ou à une religion, considérées comme totalisantes et exclusives. En outre, précisément au moment où les inégalités sociales et économiques entre le nord et le sud du monde vont s'aggravant, comme les rapports sur le développement humain le documentent, les luttes pour la reconnaissance ne parviennent pas, dans cette phase de l'histoire, à imaginer un modèle de démocratie où il serait possible d'assembler et de souder les instances de reconnaissance et celles de redistribution.

1. Il est vraiment singulier que, parlant du féminisme italien, A. Negri ait affirmé que la seule femme philosophe du XXe siècle italien est Luisa Muraro, alors qu'au contraire la pensée italienne de la différence propose une liste de noms on ne peut plus vaste et articulée : de Carla Lonzi à Maria Luisa Boccia, de Adriana Cavarero à Wanda Tomasi, de Rosa Braidotti à Chiara Zamboni, de Ida Dominjanni à Angela Putino, pour n'en citer que quelques-uns. Le petit livre de Negri, auquel je fais allusion, est *La differenza italiana* [La différence italienne], Roma, Nottetempo Edizioni, 2005.

Autre paradoxe : alors que l'on éprouve le besoin d'étendre au niveau planétaire les droits de cité et les conquêtes de l'*État-providence,* ce dernier se voit terrassé par les contrecoups d'une révolution capitaliste sans précédent, amenée par le « paradigme informationnel ». Comme l'a expliqué M. Castells, il s'agit d'une révolution qui touche à l'économie, à la société et aux systèmes symboliques, et s'en empare, en liant par un rapport d'intégration croissante la culture et les forces de production[1]. En ce qui concerne l'économie, cette Nouvelle Grande Transformation (pour reprendre une expression de K. Polanyi) a comporté la naissance d'une nouvelle économie à l'échelle mondiale qui se distingue par son caractère *informationnel* (dans le sens où la productivité et la compétitivité dépendent de la capacité de générer/élaborer/appliquer des informations), par sa *globalité* (puisque l'organisation de ses activités et de ses composantes a lieu à l'échelle globale), par sa dimension *réticulaire* (le fait d'être dans un lacis d'interactions entre les réseaux d'entreprises et financiers qui l'alimentent)[2]. Et n'oublions pas non plus une autre caractéristique fondamentale de cette révolution – qu'avec Marx nous pourrions nommer *révolution du general intellect* pour son utilisation systématique de l'intelligence collective comme force de production principale et infrastructure immatérielle des moyens de production –, c'est la *flexibilité* de ses structures d'organisation avec la capacité connexe de se reconfigurer incessamment selon les requêtes auxquelles elle doit à chaque fois faire face[3]. Par une sorte d'ironie de l'histoire intellectuelle, la structure complexe de la « gouvernementalité » keynésienne et fordiste – qui est la solution mûre d'un long parcours de la modernité vers la société fondée sur le biopouvoir disciplinaire avec son ensemble d'appareils bureaucratico-administratifs et ses mesures ambivalentes de sécurisation et de contrôle de la vie des populations et des sujets visant à la discipline de la force de travail et, avant elle encore, à la grande répartition entre raison et anti-raison –, cette structure, donc, commence à s'effriter précisément au moment où Foucault, dès les années 1960 et 1970, concentre son objectif sur elle dans ses études archéologiques et généalogiques : l'*Histoire de la folie*

1. M. Castells, *La nascita della società in rete* [La société en réseaux], trad. ital. de L. Turchet, Milano, Università Bocconi Editore, 2000.

2. *Ibid.*, p. 83-84.

3. « La flexibilité pourrait se révéler une force de libération mais également une tendance répressive si ceux qui réécrivent les règles sont les traditionnels puissants. Comme l'affirme Mulgan : "Les réseaux ne sont pas créés uniquement pour communiquer, mais aussi pour acquérir des positions, pour communiquer plus que les autres" » (*ibid.*, p. 76).

à l'âge classique (1961), la *Naissance de la clinique* (1963), *Surveiller et punir* (1975), *La volonté de savoir* (1976), *L'usage des plaisirs* (1984), *Le souci de soi* (1985)[1]. Dans ce même ordre d'idées, citons le cas tout à fait singulier, pour ne pas dire unique, de Franco Basaglia : dans les années 1970, grâce à son expérience scientifique et politique, il mit en cause en Italie le paradigme fordiste des soi-disant « institutions sociales » (comme les avaient définies E. Goffmann : institutions comme l'usine, l'armée, la prison, etc.) ; la bataille culturelle qui s'ensuivit mena à la réforme des institutions psychiatriques et à l'abolition des asiles d'aliénés conformément à la loi 180 de 1978[2]. Néanmoins, dans la tradition italienne, Gramsci était bien le seul philosophe avec qui Foucault aurait pu dialoguer.

6. LA FIN DU PARADIGME FORDISTE-KEYNÉSIEN. LES LIMITES DU MODÈLE DE JUSTICE SOCIALE DE BOBBIO ET DE RAWLS

La partie de la culture italienne marxiste et postmarxiste qui, après 1989, éprouve le besoin de relire Gramsci sans chausser les lunettes de l'historisme de Togliatti, perd une grande occasion de se rapprocher de la philosophie de la praxis du penseur sarde ainsi que l'intention qu'elle se proposait de récupérer son analyse du capitalisme mûr – consignée principalement dans le Cahier 22 sur *Americanismo e fordismo* [Américanisme et fordisme] – et de parcourir à nouveau l'histoire du présent, afin de comprendre en particulier la formation et le fonctionnement des structures hégémoniques de l'État keynésien-fordiste. Au lieu de faire interagir Gramsci et Foucault, la culture de gauche reste coincée sur la question nationale de la crise du PCI et de sa transformation en Pds [Parti démocrate de la gauche, *N.d.T.*] d'abord, en Ds [Démocrates de gauche, *N.d.T.*] ensuite. À partir du Congrès de Cagliari en avril 1997[3] et de celui de Turin

1. Voir l'observation de N. Fraser : « L'ironie est exactement la suivante : tout ce que nous nommons société postindustrielle ou globalisation néolibérale, un nouveau régime orienté vers la "dérégulation" et la "flexibilisation", était en train de prendre forme juste au moment où Foucault s'efforçait d'étudier la normalisation disciplinaire » (« From discipline to flexibilisation ? Rereading Foucault in the shadow of globalization », in *Constellations,* vol. 10, n° 2, 2003).

2. M. Colucci, P. Di Vittorio, *Franco Basaglia,* Milano, B. Mondadori, 2001.

3. Coll., *Gramsci e il Novecento* [Gramsci et le XXe siècle], éd. G. Vacca, Roma, Carocci Editore, 1999.

en décembre 1997[1], Gramsci devient l'objet d'une contestation stérile entre ceux qui estiment qu'il n'est pas sorti de l'horizon théorique du communisme et ceux qui redécouvrent chez lui de solides éléments de démocratie libérale[2]. L'occasion manquée est que Gramsci, que certains interprètes tel Vacca avaient pourtant considéré comme penseur de la mondialisation, de la crise de l'État-nation et de la naissance d'une société civile internationale[3], n'ait pas été situé dans le contexte du paradigme industriel du taylorisme-fordisme qu'il partage portant pleinement, à tout le moins en ce qui concerne l'anthropologie de l'*homo faber* qui sert de fondement à ce paradigme. Le taylorisme-fordisme est une étape essentielle du processus révolutionnaire, et son anthropologie « ergocentrique » n'est pas très différente de l'anthropologie communiste gramscienne, tendant elle aussi à exalter l'homme travailleur et l'éthique productiviste du travail correspondante. Comme l'a expliqué M. Revelli, la seule différence réside dans la manière dont l'intériorisation de la rationalité technique de l'usine doit devenir une seconde nature : d'une manière extrinsèque et coercitive dans le fordisme, par une participation consciente dans le communisme[4].

1. Coll., *Gramsci e la rivoluzione in Occidente* [Gramsci et la révolution en Occident], éd. A. Burgio et A. Santucci, Roma, Editori Riuniti, 1999. Sur le nouveau cycle d'études après 1989, voir, à tout le moins : Antonio A. Santucci, *Gramsci,* Roma, Newton & Compton, 1996 (à présent in Id., *Antonio Gramsci,* éd. Lelio La Porta, préface de E. J. Hobsbawm, avec une note de A. Buttigieg, Palermo, Sellerio, 2005) ; Coll., *Gramsci in Europa e in America* [Gramsci en Europe et en Amérique], éd. A. Santucci, préface de E. J. Hobsbawm, Roma-Bari, Laterza, 1995 ; Coll., *Gramsci : i « Quaderni del carcere ». Una riflessione politica incompiuta* [Gramsci : les « Cahiers de prison ». Une réflexion politique inachevée], éd. S. Mastellone, Torino, Utet, 1997 ; D. Losurdo, *Antonio Gramsci dal liberalismo al « comunismo critico »* [Antonio Gramsci, du libéralisme au « communisme critique »], Roma, Gamberetti, 1997 ; Coll., *Gramsci da un secolo all'altro* [Gramsci, d'un siècle à l'autre], éd. G. Baratta et G. Liguori, Roma, Editori Riuniti, 1999 ; M. Martelli, *Etica e storia. Croce e Gramsci a confronto* [Éthique et histoire. Croce et Gramsci confrontés], Napoli, La Città del Sole, 2001 ; P. Voza, *Rivoluzione passiva* [Révolution passive], communication au séminaire sur le lexique des *Cahiers de la IGS Italia,* 14 décembre 2001, in www.gramscitalia.it ; F. Frosini, *Gramsci e la filosofia. Saggio sui Quaderni dal carcere* [Gramsci et la philosophie. Essai sur les *Cahiers de prison*], Roma, Carocci, 2003.

2. À ce propos, R. Bodei put affirmer : « Actuellement, il se répand une sorte de "poppérisme des sots" qui pense défendre et sauver l'héritage de Gramsci en le faisant paraître à tout prix libéral », in *Gramsci e il Novecento* [Gramsci et le XXe s.], *op. cit.*, p. 185.

3. Voir l'intervention prononcée au Congrès de Turin en novembre 1997 : Coll., *Il giovane Gramsci e la Torino d'inizio secolo* [Le jeune Gramsci et le Turin du début du siècle], Torino, Rosenberg & Sellier, 1998, p. 244-245.

4. Voir l'essai de M. Revelli, in Coll., *Il giovane Gramsci e la Torino d'inizio secolo* [Le jeune Gramsci et le Turin du début du siècle], *op. cit.*, p. 34. Sur la prétention prométhéenne d'engendrer la future humanité, cf. S. Natoli, *Progresso e catastrofe. Dinamiche della modernità* [Progrès et catastrophes. Dynamiques de la modernité], Milano, Christian Mariotti, 1999.

Gramsci partage la métaphysique du fordisme ou, comme nous pourrions encore la nommer, la théologie politique de la production dans son esprit à la fois constructiviste, prométhéen et ascétique dont, Revelli l'a montré, le personnage du militant de la tradition révolutionnaire *entre deux guerres* – « mi-héros populaire, mi-cadre glacial »[1] – est le représentant. Lénine lui-même, qui promeut en 1921 la Nouvelle politique économique (Nep), lit dans le taylorisme le summum de la rationalité technique tant du point de vue de l'organisation scientifique du travail que de celui de la discipline à l'usine. C'est précisément la relation spéculaire entre le « Prince moderne » de Gramsci et les modèles d'organisation de l'entreprise tayloriste-fordiste qui rend manifeste la limite insurmontable du communisme du XXe siècle, le fait qu'il est une expérience titanesque de l'artificialisme politique de l'*homo faber*, qui prétend reconstruire *ab imis*, non seulement la société tout entière, mais la nature humaine elle-même.

Le rapprochement à contre-jour de Gramsci et de Foucault aurait éclairé deux aspects centraux du « siècle bref ».

En premier lieu, la théorie gramscienne de l'hégémonie tout comme l'analyse du capitalisme du Cahier 22 auraient pu faire la lumière sur l'approche foucaldienne de la gouvernementalité centrée sur les stratégies du contrôle disciplinaire. En effet, le taylorisme-fordisme n'est pas uniquement une forme de l'organisation du travail et de la production, il est aussi une grammaire totalisante de régulation des comportements qui, dans le lexique de Gramsci, prend le nom d' « hégémonie » et, dans celui de Foucault, celui de « gouvernementalité » ; à son tour, celle-ci est un ensemble de mécanismes qui concernent ce qu'Hannah Arendt a nommé le « social »[2], c'est-à-dire l'ensemble des appareils de la sécurité, de la santé, de l'éducation, de l'information et des loisirs qui, dans la société moderne, demande aux individus/usagers non pas une façon d'agir autonome, mais plutôt un comportement conformiste et passif. Si, au-delà de l'abîme de différences qui les sépare, il peut exister un terrain commun entre les sociétés libérales démocratiques et celles du « socialisme d'État », il réside exactement dans le paradigme tayloriste-fordiste, qui naturellement est

1. M. Revelli, *Oltre il Novecento. La politica, le ideologie e le insidie del lavoro* [Au-delà du XXe s. La politique, les idéologies et les embûches du travail], Torino, Einaudi, 2001, p. 199-200.

2. H. Arendt, *Vita activa. La condizione umana* [Condition de l'homme moderne], trad. ital. par S. Finzi, Milano, Bompiani, 1989, p. 28-37. Sur la correspondance sémantique entre la « gouvernementalité » de Foucault et le « social » de Arendt, voir N. Fraser, *From Discipline to Flexibilization ?, op. cit.*

énoncé d'une manière radicalement différente dans les deux cas : conjointement avec l'État de droit et le paradigme distributif, dans le premier cas ; dans le second cas, à travers l'idéologie et la pratique de la terreur et de la violence comme « accoucheuse de l'histoire », qui poussent à l'extrême les moyens en vue de l'ultime finalité et réifient les sujets comme de pures choses (ou du matériel à éliminer) pour la réalisation de la société de l'avenir : d'où la centralité des appareils de contrôle totalitaire dans cette dernière forme de gouvernementalité[1]. Comme nous l'explique Chalomov, le temps de la quotidienneté dans le Goulag est organisé jusque dans ses détails les plus infimes au point qu'il existe même une « échelle alimentaire » sur la base de laquelle les rations sont différenciées selon la productivité de chacun des prisonniers[2]. En outre, il ne faut pas non plus sous-estimer le fait que la rationalité tayloriste-fordiste a stimulé le modèle de modernisation que les élites gouvernementales des pays postcoloniaux du Tiers Monde ont poursuivi au cours du XXe siècle, tant dans la variante socialiste nationaliste *à la* Nasser que dans celle de la théorie de l'industrialisation, élaborée par des auteurs comme A. Gerschenkron et W. W. Rostow, qui prévoyait des stades de développement prédéterminés.

1. Que l'on pense à la description de la vie quotidienne sous un régime totalitaire chez deux auteurs comme I. Brodski, *Fuga da Bisanzio* [Loin de Byzance], Milano, Adelphi, 1987, et A. Zinoviev, *Cime abissali* [Les hauteurs béantes], 2 vol., Milano, Adelphi, 1978 ; et Id., *Il radioso avvenire* [L'avenir radieux], Milano, Spirali, 1985. « L'existence en tant que telle, déjà en soi monotone, a été réduite à une rigidité uniforme par l'État centralisé. Il ne restait plus à observer que des visages, des situations météorologiques, des édifices ; et le langage que les gens employaient » (Brodski, *Fuga da Bisanzio, op. cit.*, p. 30 - trad.). « L'un des avantages du totalitarisme, c'est qu'il suggère à l'individu une sorte de hiérarchie personnelle qui a la conscience à son sommet. Ainsi, nous ne perdons pas de vue ce qui se passe en nous ; et l'on peut dire que nous dénonçons à notre conscience le comportement de nos instincts. Puis nous nous punissons nous-mêmes. Quand nous nous apercevons que cette punition est sans commune mesure avec le cochon que nous avons découvert en nous, nous recourons à l'alcool et noyons nos lubies » (*ibid.*, p. 31-32). « Le pouvoir « d'Ivanbourg » est tout-puissant et, en même temps, impuissant. Il est d'une toute-puissance négative, au sens qu'il peut faire impunément tout le mal qu'il veut. Il est d'une impuissance positive, au sens qu'il est en mesure de faire tout le bien sans le résultat qu'il désire. Il a une force destructrice immense et une force constructrice infime » (Zinoviev, *Cime abissali, op. cit.*, v. II, p. 83 – trad.)

2. « Je sais bien en quoi consiste l' "échelle alimentaire" du Goulag, quel est le contenu menaçant de ces rations différenciées utilisées comme primes, et je ne m'en plains pas. Les autres, les nouveaux, débattent avec passion de la question fondamentale de la catégorie de nourriture qu'on leur attribuera pour la décade suivante : rations et bons de repas changent tous les dix jours. Quelle ration ? Nous sommes trop faibles pour mériter une ration plus avantageuse ; les muscles de nos bras et de nos jambes ne sont plus que de fines cordelettes » (v. Chalomov, « L'ingegnere Kiselëv » [L'ingénieur Kiselëv], in Id., *I racconti di Kolyma* [Les récits de La Kolyma], édition intégrale de I. P. Sirotinskaja, trad. ital. de S. Rapetti, Torino, Einaudi, 1999, p. 517-518 – trad.)

En second lieu, la rencontre entre Gramsci et Foucault aurait mis en évidence le fait que le taylorisme-fordisme a épuisé sa parabole historique à l'intérieur de l'État national et qu'il a été, pour ainsi dire, le masque totémique de sa souveraineté. En d'autres termes, la gouvernementalité du taylorisme-fordisme a incarné au XXe siècle la forme de la souveraineté des États nationaux et de leurs rapports réciproques sur la scène mondiale. Avec la dénationalisation et la désétatisation des activités productives capitalistes, la grammaire totalisante du taylorisme-fordisme est mise en pièces, à commencer par le modèle de l'usine et par le balayage du temps lié à la journée de travail : non seulement prennent pied des formes de travail autonome et de libre entreprise où temps de vie et temps de travail coïncident à nouveau, mais, avec le triomphe du paradigme informationnel, d'une part le sujet-personne est incité à devenir son propre entrepreneur et à être reconnu dans la multiplicité de ses identités (Juif, professeur, homosexuel, être humain, etc.), tandis que d'autre part il se trouve exposé aux logiques impersonnelles et aliénantes de la société globale de marché, par rapport à laquelle il recherche la chaleur de communautés et de collectivités rassurantes. Le glissement, sur lequel N. Fraser a mis l'accent[1], du « paradigme distributif », qui avait connoté la période heureuse 1945-1975 (définie en France comme les *Trente Glorieuses*) relative à la construction de l'État fordiste-keynésien, au « paradigme de la reconnaissance », qui inaugure la phase où l'explosion des instances de libération subjective (tournées vers la valorisation des différences de genre et de culture) se conjugue avec les symptômes d'une « fièvre identitaire dévastatrice »[2], ce glissement de paradigme décrit des mutations qui concernent non seulement l'économie (la révolution de l'*information technology*), mais aussi les conditions de travail (précarisation et flexibilité que codifie une nouvelle législation sur le travail) et surtout les formes de l'individualisme contemporain propres à l'*homo democraticus*. Non seulement la fin du fordisme produit l'entreprise *soft* (toyotisme et processus de délocalisation), mais elle génère une sorte d'individu qui oscille entre l'interconnexion garantie par l'accès au réseau Internet et la marginalisation sociale et professionnelle, entre la revendication d'une autonomie inconditionnée et l'isolement, la solitude et la

1. N. Fraser, A. Honneth, *Redistribution or Recognition ? A Political-Philosophical Exchange*, London-New York, Verso, 2003.

2. O. Mongin, « Nouvelle économie ? Nouvel individu ? Nouvelles valeurs ? », *Esprit*, n° 269, 2000, p. 14.

rupture de tous les liens de solidarité. Bref, d'un côté, le passage de l'époque 1989, avec le glissement de paradigme qui lui est connexe, remet en question le lien national/international, centré sur l'État-nation, comme l'avait sanctionné le *jus publicum europaeum* au cours de la « guerre froide » ; de l'autre, il terrasse le modèle de démocratie tel que l'avait hérité la tradition moderne et, en particulier, le cycle historique marqué par la « guerre civile européenne » (E. Nolte), par l'opposition dans le second après-guerre entre démocratie et communisme. La gauche italienne arrive théoriquement désarmée à ce passage d'époque et elle n'en voit pas le paradoxe central, qui sera le paradoxe même de la démocratie dans les années à venir, c'est-à-dire le fait que précisément, quand la démocratie comme régime politique et, pourrions-nous ajouter, le marché comme régime économique célèbrent leur triomphe, en se proposant comme la « fin de l'histoire » (F. Fukuyama) ou, pour le moins, comme une sorte de parcours obligé de la coexistence humaine, au même moment se font jour dans tout leur caractère dramatique les anomalies, les insuffisances et les *impasses* de l'une et de l'autre[1]. On peut formuler ainsi le paradoxe : l'universalisation tendancielle de la démocratie comme régime politique et du marché comme régime économique unique rouvre à l'échelle planétaire une situation hobbésienne d' « état de nature », de désordre entropique et de conflits destructeurs. Sur le plan intérieur, la crise de l'État fordiste-keynésien imposait à la culture de la gauche l'urgence de repenser la théorie de la démocratie telle que l'avait définie un auteur comme Norberto Bobbio dans un ouvrage classique comme *Le futur de la démocratie*[2], en vue d'en vérifier sa solidité épistémologique et ses prétentions à la validité relativement au glissement du paradigme distributif au paradigme de la reconnaissance engendré par l'époque. Et ce, d'autant plus que Bobbio avait modelé la dyade droite/gauche précisément sur le paradigme distributif (ou de la justice sociale) assignant à la gauche du XXIe siècle la tâche de défendre les droits de citoyenneté, et tout spécialement les droits non acquisitifs et d'autonomie, et, en ce qui concerne les droits sociaux, de défendre l'*État-providence* sur la base du principe de justice, qu'il énonçait

1. J'ai tenté une approche de ce genre dans *Democrazia e diritti degli altri. Oltre lo Stato-nazione* [Démocratie et droit des autres. Au-delà de l'État nation], Bari, Palomar, 1992.

2. *Il futuro della democrazia,* Torino, Einaudi, 1984, 1995. Sur ce thème, nous renvoyons à A. Chiocchi, « La concezione della democrazia di Norberto Bobbio » [La conception de la démocratie de Norberto Bobbio], in *Società e conflitto,* n°s 29-32, 2004-2005.

en ces termes : *il faut traiter les égaux également, les non-égaux inégalement*[1]. Ce qui signifie que, pour avoir un traitement égal, il faut le différencier afin de réduire les désavantages, les distances ou les inégalités socioculturelles entre les personnes et entre les classes – ce qui correspond au Principe de différence de Rawls. Naturellement, qui sont les égaux et qui sont les non-égaux, toute la question est là, et elle est historique, du moment que les critères pour unifier les non-égaux et désunir les égaux sont changeants. La discussion engagée par la culture de la gauche sur les thèses de Bobbio n'en saisit pas les points faibles, qui étaient identiques à ceux des théoriciens se référant au « paradigme distributif », parmi lesquels il faut citer en premier lieu Rawls. Ce qu'on ne vit pas surtout, c'est que, dans la nouvelle situation post-1989, le postulat même de la position de Bobbio était devenu problématique. Pour Bobbio, la catégorie des « non-égaux » ne possède aucune autonomie analytique par rapport au thème de la justice, en ce sens que « la diversité devient considérable quand elle est à la base d'une discrimination injuste »[2] et la discrimination injuste ne dépend pas de la diversité, mais de la non-reconnaissance de bonnes raisons pour autoriser un « traitement inégal » en guise de compensation. Il est évident que faire dépendre d'une indemnisation passant par la justice sociale le statut de la diversité (ou différence) et sa reconnaissance signale un point aveugle dans l'argumentation de Bobbio, qui touche deux aspects importants.

Tout d'abord, il y a le fait que l'éthique de la reconnaissance de l'autre possède une dynamique socioculturelle et anthropologique qui va au-delà de la sphère de la justice distributive, c'est-à-dire qu'elle contient des instances irréductibles à la logique symétrique de l'égalité, entendue comme équivalence juridique ou comme altérité simplement caractérisée par la clause de l'égalité des droits. Comme l'a expliqué Bauman à la suite de Levinas, l'*être-pour-l'autre* précède l'être-avec-l'autre, et c'est là que réside la responsabilité morale authentique, laquelle s'inscrit dans un espace asymétrique et constitue, en tant que telle, la première réalité du « self »[3].

En second lieu, pour pouvoir placer la diversité comme fondement d'une discrimination injuste, il faut présupposer une suprématie du droit ou, mieux, d'un État de droit et d'un État social de droit, qui reconnaîtrait

1. N. Bobbio, *Destra e sinistra. Ragioni e significati di una distinzione politica* [Droite et gauche. Raisons et sens d'une distinction politique], Roma, Donzelli, 1994, p. 92.
2. *Ibid.*
3. Z. Bauman, *Postmodern Ethics,* Oxford-Cambridge, Blackwell, 1993, p. 13.

les droits de citoyenneté (au sens de Th. Marshall). Là où cela n'adviendrait pas – c'est-à-dire là où nous enregistrerions l'absence du droit à avoir des droits (Arendt), qui est la situation qui afflige la majorité des habitants de notre planète –, la « diversité » court le risque de ne pas beaucoup compter dans la problématique de la justice (dans le lexique de Bobbio). Or, ce que la culture de gauche d'après 1989 n'arrive pas à comprendre, c'est la responsabilité-pour-l'autre énoncée dans les termes de Levinas, c'est-à-dire l'*obligation unilatérale* qu'ont les « égaux » des pays riches à démocratie libérale envers tous ceux qui sont privés de tous leurs droits sur notre planète, afin que ces derniers accèdent eux aussi au binôme diversité/égalité, à la dialectique historique de la liberté égale. Mais ce n'est pas seulement à propos de l'auto-obligation éthique envers les sans-droits de la planète que la culture de la gauche est déficiente. Si nous nous arrêtions à cette objection, nous serions encore à l'intérieur d'une position économiciste qui, par surcroît, ne cesserait de dissocier économie et culture – paradigme distributif et éthique de la reconnaissance – et, donc, de proposer à nouveau la vision d'un Occident du siècle des Lumières, sceptique, désabusé, peu disposé à admettre ses devoirs envers le reste de la planète et surtout à revoir ses critères de rationalité. Le fait est qu'il manque, à la culture de la gauche, le thème de l'*excédent* de la « diversité » ou différence par rapport au lien linéaire (énoncé uniquement en termes juridiques) entre diversité et justice. Et cela, notamment parce que l'égalité est une « composante de la qualité de la vie comme un certain revenu, comme un certain milieu, comme certains services », de sorte que « c'est l'égalité qui *rend* la diversité *possible* »[1]. Le thème de l' « excédent » met encore une fois en cause la responsabilité-pour-l'autre, qui concerne dans la même mesure aussi bien la dynamique des rapports internationaux selon l'organisation westphalienne que la dynamique intérieure de l'État national selon sa configuration dans le Léviathan, toutes deux codifiées à l'époque moderne et bouleversées par les événements de 1989. Sur ce dernier point, celui de l'État national, nous trouvons le problème des *paradoxes* du droit et des droits : la réflexivité ou l'autoréférence des droits sur le sujet bénéficiaire génère des effets automatiques à la chaîne sur la manière de vivre associé en dissolvant le lien social : anomie, apathie, déclin de la citoyenneté active, narcissisme, individualisme possessif, corporatisme de groupe ou de catégorie, affaiblissement de toute idée de « bien commun », conflictualité

1. Cité in N. Bobbio, *Destra e sinistra* [Droite et gauche], *op. cit.*, p. 99, n. 1.

exacerbée et ainsi de suite. Il s'agit d'une mutation anthropologique de l'*homo democraticus*, dont il faut tenir compte. Le paradoxe des droits[1], examiné à la lumière de la crise de l'État du Léviathan lors du passage à l'ère du postfordisme, ne peut être interrompu que si l'on postule la *priorité des droits de l'autre* comme terme de définition de ma liberté et de mon autonomie. Ici, la culture de la gauche se trouve, encore de nos jours, devant le véritable grand défi de la culture libérale : répondre au paradoxe du(des) droit(s) en assumant la responsabilité-pour-l'autre à l'intérieur de la construction même du droit. Sur ce point, le problème du rapport entre diversité et justice reparaît, mais il passe, pour ainsi dire, par-dessus le paradigme distributif à l'intérieur duquel Bobbio le résolvait. En effet, le droit compare, égalise, adapte, puisqu'il présuppose un espace homogène où les acteurs, quoique connotés de qualités spécifiques et uniques, occupent des positions permutables et réversibles. À l'homogénéité de l'espace juridique correspond le principe de symétrie ou de réciprocité. Par conséquent, le véritable défi que la gauche du XXIe siècle peut lancer à la culture libérale consiste à poser l'*asymétrie de l'autre* comme fondement de la clause d'égalité selon laquelle en principe nous sommes tous égaux. À commencer par l'asymétrie du corps en tant que corps humain, assumé en sa différence ontologique de polyvalence de besoins, symboles et relations psychosociales et culturelles[2]. Dans cette perspective, l'objectif ne serait pas simplement le traitement égal des égaux et le traitement non égal des non-égaux, mais bien au contraire celui de considérer et de pratiquer les droits comme droits de l' « *autre* homme » (Levinas) *dans sa différence-non-indifférente*. Postuler la responsabilité-pour-l'autre implique alors deux conséquences, interdépendantes entre elles au point que, comme nous le verrons, il nous faudra reconsidérer la théorie démocratique et la mission de la gauche dans les sociétés complexes : 1 / les droits ne sauraient être entendus comme étant autoréférentiels par rapport à un sujet replié sur lui-même tel une monade, mais doivent être conçus et sentis comme un bien commun ou public, et comme des droits individuels uniquement à titre dérivé ; 2 / l'universalisme qui peut défier la culture libérale

1. E. Resta a insisté sur le paradoxe du droit et des droits dans ses travaux ; cf. en particulier l'ouvrage intitulé *Il diritto fraterno* [Le droit fraternel], Bari-Roma, Laterza, 2002.

2. Sur ce point, cf. F. R. Recchia Luciani, « Post-filosofia dei diritti umani : il corpo e le dinamiche del riconoscimento » [Postphilosophie des droits humains : le corps et les dynamiques de la reconnaissance], in *Post-filosofie,* n° 1, 2005.

tout en conjurant la dérive d'un individualisme cynique et nihiliste est un *universalisme des différences-non-indifférentes,* où l'impératif des obligations envers les autres – à partir de notre prochain le plus proche (les sociétés où nous vivons) jusqu'à notre prochain le plus éloigné – et pareillement à l'égard de la nature comme écosystème constitue le terrain historico-transcendantal sur lequel la culture des droits devra se fonder au XXIe siècle.

7. UN RÉFORMISME NON SUFFISAMMENT RADICAL

La réflexion que Paolo Flores d'Arcais mène brillamment dans la revue *MicroMega* montre de façon emblématique les limites à l'intérieur desquelles se relègue la culture de la gauche quand elle prend au sérieux le libéralisme tel que l'envisagent le Parti d'action et le libéral-socialisme, mais refuse le postulat éthico-politique de la responsabilité-pour-l'autre. Il suffira ici d'esquisser sa proposition, énoncée en termes néo-existentialistes (*à la* Sartre), d'une éthique libertaire du fini, qui prescrit de prendre congé de l'Être (que ce soit la Nature, l'Histoire, Dieu, le Sort) « pour que puissent s'enraciner responsabilité, individu, existence »[1] et pour que la philosophie puisse être restituée à la sobriété du désenchantement. Mais Flores inscrit responsabilité, individu et existence dans l'espace symétrique de l'être-avec où, comme il le précise, est en vigueur l'égalité d'individus uniques, où l'identité de chacun a la même valeur que le toi de l'autre et où « chacun est l'égal de l'autre pour ce qui est de la possibilité d'être vu, écouté, reconnu »[2]. L'éthique du fini s'absorbe donc dans l'éthique de la réciprocité et ne sort jamais du périmètre d'une identité qui est la *mimesis* du toi. Comme l'autre vient avant moi et avant ma liberté (dans le sens qu'il la rend possible), lui reste inaccessible le territoire où naît la question : « Jusqu'où s'étendent mes obligations envers autrui ? » Et même, pour Flores, ce serait là le territoire de la « sainteté », et non pas d'une éthique laïque de la finitude. En réalité, c'est l'éthique elle-même qui est illimitée, c'est-à-dire asymétrique, si elle veut être une éthique de la responsabilité-pour-l'autre, en ce sens qu'elle doit contenir un élément d'unilatéralité et d'auto-obligation, de gratuité et de don. L'espace de la

1. P. Flores d'Arcais, « Etica del finito » [Éthique du fini], in *MicroMega. Almanacco di Filosofia,* 1997, p. 9.
2. *Ibid.,* p. 23.

« démocratie radicale » qu'invoque Flores, précisément parce qu'il est fragile, ne peut se voir simplement réduit à celui de la « citoyenneté symétrique »[1], sous peine de se voir enfermé dans le cocon de sa coterie au bénéfice des habitants d'un Premier Monde uniquement intéressés à défendre leurs libertés comme des privilèges oligarchiques. Il doit inclure une dimension d'*homo donator* comme contrepoids aux logiques équivalentes de l'*homo œconomicus.* La proposition de Flores n'ajoute rien à la meilleure culture libérale du XXe siècle et, sans le savoir, elle partage son *ethnocentrisme modéré,* que R. Rorty a explicité au cours de sa réflexion des années 1980 et 1990. Il est inutile – répète Rorty – de poursuivre une quelconque fondation métaphysique (tant théologique que scientifique) des valeurs de notre tradition, il ne nous faut que redécouvrir notre appartenance à un « nous situé et contingent » (l'Occident), à partir duquel apprendre à raconter l'histoire comme l'histoire d'une réduction de la souffrance et d'une extension progressive des droits à des classes sociales et à des peuples qui en ont été jusqu'ici privés, tout en retranchant la partie mauvaise (impérialisme, exploitation coloniale, etc.) de cette même histoire[2]. Au fond, des auteurs très différents entre eux, comme G. Vattimo et S. Veca, ont des positions analogues : le premier revendique une éthique de la finitude telle qu'elle coïncide avec la critique des absolus métaphysiques dans tous les domaines de l'existence, ce qui implique la suppression de toute légitimité à la violence (et aux éthiques essentialistes qui la justifient)[3] ; le second interprète les droits comme « des ressources pour la minimisation de la souffrance évitable », c'est-à-dire pour la réduction de ce qui « est le *mal* pour des types comme nous »[4]. Le fait est que la culture de la gauche italienne, même quand elle ne se règle pas sur les positions de Flores ou de Veca, n'a pas réussi à se confronter à la culture libérale sans lutter contre ses complexes d'infé-

1. *Ibid.,* p. 28.
2. Sur l'ethnocentrisme modéré de Rorty, je me permets de renvoyer à mon volume : *I filosofi e la* polis. *La scoperta del principio di ragione insufficiente* [Les philosophes et la *polis.* La découverte du principe de la raison insuffisante], Lecce, Pensa multimedia, 2004, Introduction.
3. G. Vattimo, « Etica della provenienza » [Éthique de la provenance], in *MicroMega,* 1997.
4. S. Veca, « Etica dell'incertezza » [Éthique de l'incertitude], in *MicroMega,* 1997, p. 144. L'essai résume les thèses que l'auteur expose dans *Dell'incertezza. Tre meditazioni filosofiche* [De l'incertitude. Trois méditations philosophiques], Milano, Feltrinelli, 1997. La thèse selon laquelle ce qui nous unit c'est le mal (c'est-à-dire les souffrances) à combattre, tandis que ce qui nous sépare c'est l'idée du bien, est réitérée par Veca dans son récent volume, *La priorità del male e l'offerta filosofica* [La priorité du mal et l'offre philosophique], Milano, Feltrinelli, 2005.

riorité, ni à s'approprier le noyau vital de la culture libérale en élaborant une théorie critique de la société et de la politique en mesure d'en repérer à son tour les limites et les points aveugles. Quand elle n'est pas revenue s'aplatir sur les positions d'un libéralisme traditionnel, comme celui de Croce, pour être clair, totalement allergique à s'ouvrir aux instances du libéralisme social ou du libéral-socialisme (comme le montre la polémique célèbre de Croce contre le « bouc-cerf » libéral-socialiste), la culture de la gauche italienne de ces années suit deux routes apparemment opposées mais, tout bien considéré, complémentaires : 1 / l'insistance sur le thème du *déracinement* en tant que caractère spécifique des processus de mondialisation qui provoquent des contrecoups de reterritorialisation et inspirent un nouvel enchantement pour le monde ; 2 / la reprise de la question de la *communauté* et du lien social sur fond de « mobilisation totale » de peuples, nations et individus (outre les marchandises et capitaux) qu'est la globalisation. Aussi bien l'une que l'autre de ces routes ne règlent pas vraiment les comptes avec le libéralisme et avec ce que Weber nommait le « rationalisme occidental ». Ces deux thèmes – déracinement et communauté – montrent à nouveau, dans un langage neuf, plutôt que de rester empêtrés dans les présupposés épistémologiques qu'ils voudraient critiquer, les ambiguïtés et anomalies non résolues de la culture de la gauche alors qu'elle avait essayé, antérieurement, d'élaborer des réponses neuves à la crise du marxisme. Ils arrivent en Italie à travers une double médiation philosophique : d'un côté, le poststructuralisme français de Derrida – à la jonction entre M. Blanchot et E. Levinas – et de son élève Jean-Luc Nancy, qui au cours de ces années ont concentré leur attention sur des problématiques proprement éthico-politiques ayant trait au rapport avec l'altérité et avec l'étranger (de l'amitié *à* l'hospitalité, de l'existence comme existence singulier-pluriel *à* la démocratie comme espace de correspondance des voix, de l'Europe *au* cosmopolitisme)[1] ; de l'autre, le débat qui, aux États-Unis et dans les pays de culture anglo-

1. Nombreux sont les textes qu'il faudrait citer ici. Voir pour le moins J. Derrida, *Oggi l'Europa. L'altro capo* [Aujourd'hui l'Europe. L'autre cap], suivi de *La democrazia aggiornata* [La démocratie mise à jour], éd. ital. M. Ferraris, Milano, Garzanti, 1991 ; Id., *Politiques de l'amitié,* suivi de *L'oreille de Heidegger,* Paris, Galilée, 1994 ; Id., *Cosmopolites de tous les pays, encore un effort !,* Paris, Galilée, 1997 ; Id., *De l'hospitalité,* Paris, Calmann-Lévy, 1997. De Nancy, cf. au moins *Essere singolare plurale* [Être singulier pluriel] (1996), Introduction-dialogue avec R. Esposito, Torino, Einaudi, 2001 ; Id., « Etica del corrispondere » [Éthique de la correspondance], in *MicroMega,* 1997 ; Id., *La creazione del mondo o la mondializzazione* [La création du monde ou la mondialisation] (2002), Torino, Einaudi, 2003.

saxonne, divise libéraux et communautaires (songeons aux noms de M. J. Sandel, Ch. Taylor et à ceux de M. Walzer pour les *communitarians,* de Rawls et Rorty pour les *liberals*). Mais ce qu'il importe surtout de relever ici, c'est que la reprise de ces problématiques en Italie, loin de produire un renouvellement de la culture de la gauche et de ses catégories politiques, ne parvient pas à menacer sur le terrain philosophique et épistémologique le libéralisme dominant afin d'en dévoiler les contradictions et les apories intérieures par rapport aux défis du présent, mais que, tout au plus, la culture de la gauche a, à l'égard du libéralisme, une attitude tendant à l'amender en l'invitant à tenir ses promesses et à réaliser son projet originel. La discussion sur le *réformisme radical* qui a lieu au cours de ces années est profondément marquée non seulement par une polémique idéologique datée – réforme ou révolution ? –, mais surtout par la réception pure et simple de la dyade droite/gauche telle que l'avait codifiée Bobbio où, nous le savons, la mission historique de la gauche réside dans la défense de la valeur de l'égalité. Que l'on relise, à ce propos, les réponses qu'un groupe d'intellectuels donne au questionnaire préparé par *MicroMega* avec l'intention de « reconstituer, à gauche, égalité et liberté pour tous »[1]. En réalité, aucune de ces interventions ne sort de l'horizon de l'idée de gauche qu'avait révélée Bobbio. Dans un style d'une limpidité cristalline, après avoir souligné que le réformisme est quelque chose de bien différent de la « vulgaire apologie du pur existant » et qu'en tant que pratique sans finalité de transformation des sociétés complexes il est « la seule forme politique adéquate pour cette dynamique socioculturelle »[2], A. Bolaffi ajoute que, « après la crise du marxisme et la fin des métarécits du XXe siècle », définir « ce qu'on entend par "gauche" » demande « un surplus d'engagement éthique »[3]. Mais, pour le moment, l'éthique du réformisme n'estime pas nécessaire de remettre en discussion l'espace réversible de la réciprocité qui fonde le rapport entre liberté et égalité des démocraties libérales en y introduisant des éléments d'asymétrie et d'obligation tant sur le plan intérieur qu'au niveau des institutions internationales. D'une manière analogue, R. Esposito ne

1. *MicroMega,* n° 2, 1999, numéro spécial intitulé « Che cos'è "sinistra" ? » [Qu'entend-on par « gauche » ?].

2. A. Bolaffi, « Riformismo radicale o nostalgie ideologiche ? » [Réformisme radical ou nostalgies idéologiques ?], in *MicroMega,* n° 2, 1999, p. 65-66.

3. *Ibid.,* p. 68.

doute pas du fait que, « aujourd'hui peut-être – dégagés de l'hypothèque de la doctrine paléomarxiste – l'heure est venue de remettre sur le chantier la question [lire : d'une politique de gauche] à partir d'une perspective de réformisme radical »[1]. Toutefois, dans ce cas aussi, le réformisme dont on parle, se fonde sur l'espace réversible de l'égalité, qui reste « une exigence (...) à laquelle la gauche ne saurait renoncer » et qui doit même passer avant l'exigence « d'absolue liberté que revendique tout propriétaire de disposer de ses biens au-delà de sa vie même »[2]. Et le fait que l'égalité en question soit celle de singularités uniques, l'égalité de l'existence « dans sa pluralité singulière »[3], ne change rien à l'affaire. Et, pourtant, Esposito avait signalé l'inflexion compensatrice dans le *munus* – don – de toute *communitas* – communauté –, son caractère (en termes kantiens) ambigu qui consiste à « être un don qui n'appartient pas au sujet ; qui, même, l'astreint et le scrute par le biais d'un devoir inépuisable qui prescrit ce qu'il interdit et interdit ce qu'il prescrit »[4]. Mais cette indication de l'inhérence du « don » à l'idée de communauté est énoncée sur le registre heideggérien du *Mitsein* (de l'être-avec-l'autre) qui, quoique corrigé par Bataille, reste intrinsèquement impolitique. Ainsi, l'écart entre philosophie et politique devient abyssal : sur la problématique de la communauté, aucune réflexion n'est conduite qui, sur le terrain de la théorie politique – voire sur celui de la théorie économique –, force l'éthique de la réciprocité en direction d'une ultra-éthique ou d'une archi-éthique de la responsabilité-pour-l'autre. De plus, pour Esposito, qui croit devoir lire les sociétés complexes par le biais du paradigme immunitaire, l'*immunitas* est la forme négative ou privative de la *communitas,* au sens où, « si la *communitas* consiste en un rapport qui, en liant ses membres à une obligation de don réciproque, met en danger l'identité individuelle, l'*immunitas* est la condition qui dispense d'une telle obligation et qui protège donc à l'égard de ses effets d'expropriation »[5]. Ce serait comme dire que l'*immunitas* réduit à zéro le *munus*

1. R. Esposito, « Sinistra e *communitas* » [Gauche et *communitas*], in *MicroMega,* 1999, p. 107.

2. *Ibid.*

3. R. Esposito, « Etica senza legge » [Éthique sans loi], in *MicroMega,* 1997, p. 45.

4. R. Esposito, *Communitas. Origine e destino della comunità* [*Communitas.* Origine et destin de la communauté], Torino, Einaudi, 1998.

5. R. Esposito, *Bíos. Biopolitica e filosofia* [*Bios.* Biopolitique et philosophie], Torino, Einaudi, 2004, p. 47 ; Id., *Immunitas. Protezione e negazione della vita* [*Immunitas.* Protection et négation de la vie], Torino, Einaudi, 2002.

de la *communitas,* qu'il neutralise toute trace quelconque d'octroi et de gratuité : le don ne se donne que sous la forme de l'impossible, parce qu'autrement il retombe dans la logique de l'échange et de l'acte juridique et, donc, de l'*immunitas.* Cette approche biopolitique semble mettre hors jeu et disqualifier la perspective précédemment citée du « réformisme radical », du moment qu'elle rejoint la théorie des systèmes de Luhmann là où cette dernière s'auto-interprétait comme une « immunologie sociale », selon laquelle les systèmes fonctionnent non pas en éliminant les conflits et les contradictions, mais « comme des antigènes nécessaires pour réactiver leurs propres anticorps »[1]. Comme par un fait exprès, dans cette approche, le droit – l'espace réversible de la réciprocité – devient le spécifique « système immunitaire de la société »[2]. Mais où se situe alors l'espace pour une politique de « réformisme radical » si l'issue fatale de la modernité est « l'auto-immunisation de la liberté où la nouvelle égalité des conditions se réfléchit comme dans un miroir déformant » ou, ce qui revient au même, si la bio-politique, c'est-à-dire la tendance de la politique moderne à conserver et à protéger la vie des individus, se transforme en thanato-politique, en une politique qui leur ôte la vie[3] ? Comment faire pour que le libéralisme ne se condamne pas à la catastrophe de tuer la liberté ?

Cacciari ne fait rien d'autre quand il conjugue le réalisme et le désenchantement de la volonté de puissance – la volonté de maîtriser/innover/gouverner les langages spécialisés de la techno-science –, sur lesquels il avait insisté dès les années de *Krisis,* avec la radicalité d'une interrogation philosophique sachant saisir dans le *malstrom* du présent un nouvel *ethos,* qui n'est plus synonyme d'habitude, de transmission symbolique, d'être-enraciné-en-un-lieu comme en un stable empaysement. Cependant, ces deux aspects – la volonté de puissance et la recherche d'un nouvel *ethos* – restent sans aucun rapport l'un avec l'autre, comme si penser et agir, philosophie et politique, contemplation et action étaient des territoires totalement incommunicants. Cacciari est, lui aussi, influencé par les pages de Derrida consacrées au thème de l'hospitalité, de

1. R. Esposito, *Bíos, op. cit.*, p. 46.
2. N. Luhmann, *Sistemi sociali. Fondamenti di una teoria generale* [Systèmes sociaux. Fondements d'une théorie générale], Bologna, Il Mulino, 1990, p. 588 ; cité par R. Esposito in *Bíos, op. cit.*, p. 46.
3. *Ibid.*, p. 77.

l'amitié, de l'Europe, de l'hendiadys *hostis/hospes*. Devant les processus de déracinement universel provoqués par la globalisation, il invoque une « nouvelle pensée de la *xeniteia* et de l'*hospitalité* », où l'on serait à la fois « *hostis* et *hospes* », comme cela se pratiquait dans l'Antiquité précisément, quand celui que l'on recevait était l'*hostis,* étranger aux mœurs et aux traditions de l'*hospes* et accueilli en tant que tel, sachant bien qu'un jour l'accueil pourrait être rendu à l'amphitryon[1]. Cacciari interprète à la manière de Nietzsche le destin de notre temps, à la lumière du voyage d'Ulysse (véritable topique de la littérature occidentale) : un voyage sans retour ni destination à travers une mer en aucun cas « stérile », d'où naissent les îles où croissent la vigne et l'olivier, et dont l'île la plus belle est la *polis,* dans laquelle, comme l'a chanté Hölderlin, « la voix du peuple, aussi déchaînée que la tempête, éclata et se déversa du haut de l'agora »[2]. S'il nous fallait découvrir en filigrane un dessin politique dans le diptyque que constituent *Geo-filosofia dell'Europa* [Géophilosophie de l'Europe] (M. Cacciari, Milano, Adelphi, 1994) et *L'Arcipelago* [L'Archipel] (1997), on le verrait dans la volonté de trouver un « nouveau début » pour l'Europe, une fois que l'Europe aurait décidé son propre déclin « dans le sens de faire retour à son propre "fonds", et de se reconnaître là comme *inquisitio* obstinée, interrogation-sacrifice, certes, de toutes les valeurs et de toutes leurs "tyrannies", mais afin que l'on puisse donner lieu à l'obéissance-écoute entre des parfaitement singuliers, inséparables-jamais-unis »[3]. Selon Cacciari, pour l'Europe, décliner veut dire renoncer à son individualité « franco-carolingienne » actuelle détachée du *mare nostrum* et *devenir* pour la première fois « archipel », c'est-à-dire « s'ouvrir, se donner, *se dépenser* » ou, à la manière de Nietzsche, accueillir l'autre, le différent, les singuliers, leur rendre *justice,* « rendre à *chacun* son droit propre »[4]. Une fois encore, est évoqué le thème du don, de la gratuité, de la *dépense* suivant la ligne de réflexion anthropologique de Marcel Mauss, mais il reste sans développements significatifs, soudé et résorbé par le thème schmittien de la décision dans une situation d'exception. Bref, la décision de Cacciari ne consiste pas à donner quelque chose unilatérale-

1. M. Cacciari, « Etica del sapere » [Éthique du savoir], in *MicroMega,* 1997, p. 71.
2. M. Cacciari, *L'Arcipelago* [L'Archipel], Milano, Adelphi, 1997, p. 16.
3. *Ibid.,* p. 35.
4. M. Cacciari, « L'arcipelago Europa. Conversazione con Massimo Cacciari » [L'archipel Europe. Conversation avec Massimo Cacciari], in *MicroMega,* nº 2, 1999, p. 27.

ment, à suspendre la dialectique esclave/maître, à interrompre le cercle vicieux de la rétorsion déclenchée par la guerre globale déclarée le 11 septembre 2001 par le terrorisme islamiste. C'est une décision de « grande politique » qui rompt avec les procédures administratives et bureaucratiques du calcul politique ou de la politique comme calcul. Mais il n'y a en elle aucune dimension d'octroi absolu, aucun pari de gratuité, aucun geste de renoncement et de responsabilité inconditionnels. Que veut-il dire quand il affirme que « l'être singulier pluriel du *xénos* » ne s'épuise pas par les philosophies du dialogue, comme chez Feuerbach et peut-être Habermas, et que le *cum* de toute coexistence est le lieu de la différence et du contraste, entendant par là, à la manière de Nietzsche, que le dialogue entre le moi et le toi « est un dialogue de tous les deux, distinct pour tous les deux, avec un Tiers, qui jamais n'apparaîtra comme tel dans leurs orbites distinctes » ? Le fait que les amis sont des étrangers l'un pour l'autre et qu'à leur tour « ils se déterminent l'un l'autre par leur propre relation essentielle avec *l*'Étranger »[1] préfigure sans doute une relation de reconnaissance où le Soi « se départ » de son individualité. D'accord, mais la renonciation à cette anthropologie de la part d'un sujet tautologiquement replié sur lui-même – pour qu'elle ne se résolve pas en une expression d'aristocratie intellectuelle ou en une fuite de la réalité vers une forme quelconque de mystique – n'implique-t-elle pas peut-être la critique préliminaire des formes de vie qui en alimentent l'individualisme cynique et égoïste ou, tout au plus, tolérant/indifférent envers l'autre et l'étranger ? N'implique-t-elle pas une réflexion sur l'*ethos* de notre rationalité, de ses paramètres absolutistes, de sa structure catégorielle, de ses valeurs de référence ? Ne comporte-t-elle pas une idée de démocratie future où le *novum* authentique est l'asymétrie de la responsabilité-pour-l'autre qui porte atteinte au statut du sujet « propriétaire » lockéen et à la logique des équivalents où il s'inscrit ? Cela étant, ne sommes-nous peut-être pas en train de parler de la nécessité de critiquer le fondamentalisme de la modernité et de la raison moderne, en rejetant définitivement l'illusion de clore l'histoire, de réaliser la cité future comme société symétrique et transparente, ce en quoi a consisté une grande partie du projet moderne ? Ne sommes-nous pas en train de parler de l'urgence d'inventer une *praxis* politique à la hauteur du tournant copernicien de la rationalité

1. M. Cacciari, *L'Arcipelago, op. cit.*, p. 150-151.

occidentale, un tournant tel qu'il nourrirait un « réformisme radical » qui pèserait sur les centres de notre coexistence : en premier lieu l'État et le marché ? Si nous ne voulons nous en remettre encore une fois à l'illusion catastrophique de l'Utopie – y compris l'utopie d'un empire sans *imperium* ou celle de la multitude comme forme anarchique d'existence de beaucoup en tant que beaucoup[1] –, il ne reste plus que l'épreuve extrêmement risquée de l'infinie responsabilité-pour-l'autre comme terrain de reconstruction de la *polis* et de texture des liens d'amitié entre les peuples, après la fin du mythe de l'État et du *jus publicum europaeum*. Là serait la véritable rupture de la culture de la gauche non seulement italienne, mais européenne.

(Texte traduit de l'italien par Monique Iposeti.)

(La suite du présent article sera publiée dans un prochain numéro de Cités.*)*

1. Nous ne nous référons pas uniquement au livre de M. Hardt et A. Negri, *Impero. Il nuovo ordine della globalizzazione* [Empire. Le nouvel ordre de la globalisation], Milano, Rizzoli, 2001, mais aussi à ce que nous pourrions nommer l'utopie averroïste d'un *general intellect* du genre humain chez des auteurs comme P. Virno, *Grammatica della moltitudine* [Grammaire de la multitude], Roma, DeriveApprodi, 2002, et A. Illuminati, *Del comune. Cronache del « general intellect »* [Du commun. Chroniques du *general intellect*], Roma, manifestolibri, 2003. Nous rangeons parmi eux les théoriciens de l'« autonomie du négatif », c'est-à-dire de la révolte et de la subversion à l'égard de la « cage d'acier » capitaliste dont a parlé Weber, comme N. M. de Feo, *Ragione e rivolta. Saggi e interventi, 1962-2002* [Raison et révolte. Essais et interventions, 1962-2002], éd. O. Marzocca, préface de T. Negri, Milano, Mimesis, 2005.

RECENSIONS

Claude Lefort, *Le temps présent. Écrits (1945-2005),* Paris, Belin, 2007, 1 048 p.

C'est souvent par le biais de Machiavel que les étudiants en philosophie politique commencent à côtoyer les écrits de Claude Lefort. Mais, pour qui aborde *Le travail de l'œuvre Machiavel* en ayant à l'esprit la multitude de commentaires académiques sur le Secrétaire florentin, la surprise est grande. Ce livre ne propose pas uniquement une interprétation de l'œuvre machiavélienne, en plus d'une interprétation des interprétations auxquelles cette œuvre a donné lieu à travers les siècles. Il révèle une pensée où la réflexion sur Machiavel s'intrique avec une vision originale de la politique qui ne se départ jamais de l'histoire présente. L'interprétation des œuvres, la réflexion sur les événements et la pensée du politique se mêlent toujours dans une écriture sans cesse relancée par le mouvement de la réalité sociohistorique. Les textes réunis dans le volume *Le temps présent,* ces « Dits et écrits » signés Claude Lefort qui s'étalent sur plus d'un demi-siècle, viennent aujourd'hui compléter notre connaissance de cette pensée. Il s'agit d'articles, de conférences et d'entretiens qui traversent la guerre froide et se prolongent jusqu'au début des années 2000. À une époque où la mémoire de la chute du mur de Berlin ne semble plus partagée que par une poignée de nostalgiques, c'est surtout par le biais des interventions sur le thème de la démocratie et de son contraire, le totalitarisme, que l'on retrouve « le temps présent » dans ces textes. On est ici loin d'une conception du totalitarisme qui se félicite naïvement du triomphe des démocraties libérales, et c'est précisément pour cette raison qu'il importe d'en souligner l'actualité.

On a déjà beaucoup écrit sur le parcours politique de Claude Lefort (l'époque de *Socialisme ou barbarie* et les moments forts de son engagement auprès de la gauche antitotalitaire), sur les rapports entre sa pensée et celle d'autres figures intellectuelles comme Maurice Merleau-Ponty ou Hannah Arendt, sur les aspects les plus connus de sa philosophie politique. S'inspirant de Machiavel pour sortir d'une pensée marxiste incapable de saisir la spécificité du politique, Claude Lefort construit sa conception de la démocratie moderne comme le régime dans lequel « le lieu du pouvoir est vide » et sans attache. Cette « désincorporation » du pouvoir informe le social par la division qu'elle y introduit et contribue à dissiper les certitudes ultimes sur lesquelles reposaient jusqu'alors les systèmes politiques, faisant de l'indétermination démocratique le terrain même du politique. Les textes réunis dans *Le temps présent* en rendent compte, encore une fois, magistralement. Mais s'il nous fallait trouver un point d'entrée original dans cette œuvre, c'est surtout pour le traitement conceptuel de l'époque post-totalitaire que ce volume nous semble important. Car, si on a déjà souligné ce qui distingue Claude Lefort, dans son interprétation du totalitarisme, de Raymond Aron ou de François Furet (encore récemment, après la parution de son livre *La complication. Retour sur le communisme,* Paris, Fayard, 1999), on a en revanche moins souligné ce que sa réflexion a de pertinent pour la période qui suit la chute du communisme. L'enjeu est de réaffirmer, dans le contexte de la mondialisation capitaliste, la pertinence du processus démocratique, à distance à la fois des conceptions procédurales et des conceptions révolutionnaires de la démocratie. En effet, d'une part, « la démocratie ne saurait se réduire à des dispositifs institutionnels : le pluralisme des partis, le système représentatif risqueraient de n'être plus que des règles du jeu trompeuses, si la représentation politique ne donnait pas au plus grand nombre l'image d'enjeux communs » (« Postcommunisme et libéralisme », 1994, p. 782). D'autre part, il s'agit de conserver la portée émancipatrice des luttes qui traversent le corps social. C'est cette division consubstantielle à la démocratie qui nous préserve de l'homogénéisation de la société civile et de l'État dans un corps politique totalitaire.

Claude Lefort montre qu'il existe un lien philosophique incontournable entre antitotalitarisme et démocratie, loin des radicalismes et des conservatismes en tous genres qui s'entêtent à le nier. Les droits de l'homme sont bel et bien une politique.

Cristina Ion

Sur Tocqueville moraliste

Lucien JAUME, *Tocqueville,* Paris, Fayard, 2008, 473 p.

On se concentrera ici sur la troisième partie, intitulée « Tocqueville moraliste », du livre où Lucien Jaume retrace la biographie intellectuelle de l'auteur de *La démocratie en Amérique* et de *L'Ancien Régime et la Révolution.* Deux sections la partagent, l'une portant sur le rapport du moraliste à la question de l'honnête, l'autre sur le rapport de Tocqueville au jansénisme.

La place de cette partie, déjà, la montre décisive : elle intervient après l'étude de Tocqueville politologue et sociologue, non pas pour faire de Tocqueville moraliste la troisième roue du char, si l'on ose dire, mais pour prendre en surplomb les domaines précédemment explorés. Le regard moraliste de Tocqueville n'est autre que sa « pensée de derrière ». Son traitement polymorphe de la notion de démocratie (première partie) comme son élaboration d'une logique du social (deuxième partie) procèdent de ou en tout cas s'intègrent à une vision de l'homme – vision qui serait préalable à ces analyses et que ces analyses viendraient conforter. On se trouve bien alors sur le territoire de la « moralistique » en ce que le moraliste n'est pas un moralisateur, mais, dans sa version classique, une figure instable à loger entre le psychologue et le philosophe : il tend, à travers l'étude des mœurs, à dégager une nature humaine ; son ambition est donc plus haute que celle du psychologue, mais en même temps elle n'a pas la prétention d'aboutir à un système clos et définitif. L'objet du moraliste, c'est l'homme – la moralistique est une anthropologie – et le rapport du moraliste à son objet est paradoxal, puisqu'il reconnaît qu'il ne l'épuisera jamais et qu'il est même inconnaissable. Ainsi, lorsque Lucien Jaume relève que pour Tocqueville l'homme est incompréhensible à lui-même, il le situe *ipso facto* au cœur de la tradition des moralistes : non seulement celle de Pascal – « quelle chimère est-ce donc que l'homme, quelle nouveauté, quel monstre, quel chaos, quel sujet de contradiction ? » (*Pensées,* fragment 164, éd. Sellier) –, mais aussi bien celle de La Rochefoucauld, qui parle des « abîmes » du cœur humain et, à la maxime 69, d'un amour « caché au fond du cœur, et que nous ignorons nous-mêmes », ou de La Bruyère, qui, après avoir noté que « tel homme au fond, et en lui-même ne se peut définir » (« De l'Homme », Remarque 18), ne craint pas d'affirmer, dans *Les Caractères* : « Les hommes n'ont point de caractères » (« De l'Homme », Remarque 147). Cette thématique de l'être humain qui se dérobe à lui-même, *homo absconditus,* est à la fois parfaitement tocquevillienne et parfaitement moraliste : les « ténèbres impénétrables » dans lesquelles, selon le second volume de *La démocratie en Amérique* (cité p. 236), l'homme plonge en vain dans l'espoir de se saisir résonnent en écho immédiat au fragment 19 des *Pensées.*

Le glissement de l'homme pris en lui-même à l'homme en société s'opère par le concept, central dans l'étude de Lucien Jaume, d'honnêteté. L'« honnête homme » selon le XVIIe siècle est avant tout, on le sait, l'homme de bonne compagnie : non seulement un animal social, mais encore un animal sociable. Ce qui frappe, à superposer les analyses tocquevilliennes et moralistes de l'honnêteté, c'est leur caractère ambivalent, parce que l'honnêteté y est à la fois louée et démystifiée. Elle est louée en tant qu'elle lisse, qu'elle pacifie, qu'elle rend même agréables les rapports personnels (dira-t-on qu'elle fluidifie les rapports sociaux ?) : « Il est honnête homme. Cette qualité universelle me plaît seule », écrit Pascal au fragment 532 des *Pensées,* ou encore au fragment 502 : « Il faut donc un honnête homme qui puisse s'accommoder à tous mes besoins généralement. » L'honnête homme est celui qui met entre parenthèses son moi pour être tout accueil au moi de l'autre. Seulement, pour les moralistes, c'est là un faux-semblant : l'honnête homme n'a pas anéanti son moi, il l'a simplement caché, pour ne pas offenser l'autre et pour en être estimé. D'où l'apostrophe à Miton, qui est le prototype de l'honnête homme du classicisme : « Le moi est haïssable. Vous, Miton, le couvrez, vous ne l'ôtez point pour cela : vous êtes donc toujours haïssable. (...) Vous en ôtez l'incommodité, mais non pas l'injustice » (*Pensées,* fragment 494). Finalement, l'honnêteté n'est qu'un raffinement d'égoïsme, un narcissisme devenu intelligent. Si on la juge par rapport à la charité, elle s'anéantit dans la non-valeur ; si on la juge en revanche par rapport à la brutalité instinctive du moi, elle constitue un progrès appréciable. On est là dans un espace intermédiaire qu'on pourrait définir comme un espace du moindre mal ou du bien relatif. Ce triple étagement des rapports humains, Lucien Jaume l'a repéré chez Pascal dans les *Trois discours sur la condition des grands* et son application à Tocqueville est tout à fait convaincante : Tocqueville cherche un chemin moyen entre saint Jérôme (voilà pour la charité) et Héliogabale (voilà pour la brutalité) ; cette voie exactement *médiocre,* il la dénomme « matérialisme honnête ».

On est loin de l'héroïsme à la Plutarque, des aspirations personnelles de Tocqueville à la grandeur, mais distance est prise avec ce que Lucien Jaume désigne, d'après son auteur, comme « la recherche éperdue des satisfactions matérielles » (p. 210). Remarquables de condescendance jumelle, les appréciations de Pascal et de Tocqueville devant ce type médian de rapports humains : « Qu'ils soient *au moins* honnêtes gens s'ils ne peuvent être chrétiens », lit-on au fragment 681 des *Pensées* (cité par L. Jaume en épigraphe p. 199), et, dans une lettre de Tocqueville à Louis de Kergorlay en 1836 : « Je me demande si quelque chose sinon de semblable [au matérialisme honnête], du moins d'analogue, *n'est pas encore le mieux qu'il soit permis de demander* non pas à tel homme en particulier, mais *à notre pauvre espèce en général* » (cité p. 212). La différence entre l'honnêteté pascalienne et l'honnêteté tocquevillienne n'est pas une différence de nature, mais une différence d'échelle : l'idéal de l'honnête homme au XVIIe siècle est réservé à une élite ; avec l'avènement de la démocratie, c'est tout un chacun qui doit devenir honnête homme. Mais l'effort à faire pour produire un égoïsme altruiste, pour retourner l'intérêt personnel en intérêt collectif est le même, car c'est la même nature humaine qui est censée travailler l'aristocrate français du XVIIe siècle et le bourgeois américain du XIXe. On peut même se demander si l'*homo democraticus,* loin d'être l'homme créé par un type de régime particulier, n'est pas pour Tocqueville le révélateur de l'homme en son essence même : c'est l'homme mis à nu dans son dynamisme accumulateur et prédateur ; la recherche de l'intérêt personnel cesse ici de se voiler de justifications idéales – d'où la nécessité rapide de lui en fournir pour éviter que la société ne s'exténue dans l'entre-dévoration.

Avec l'hypothèse, ou l'hypothèque, janséniste, nous avançons d'un cran : après être remontés de la politologie et de la sociologie à l'anthropologie, pouvons-nous lire derrière celle-ci une théologie implicite ? Lucien Jaume a osé aborder de front la question des rapports de Tocqueville et de Pascal alors qu'il existe fort peu de références explicites du premier aux textes du second. Le littéraire à ce point ne manquera pas de poser la question : dans quelle édition Tocqueville a-t-il lu les *Pensées* ? L'édition dite « de Port-Royal » (1670) ? Celle de Condorcet (1776) ? Celle de Bossut (1779), qui s'impose pendant la première moitié du XIXe siècle ? La rareté des citations de Pascal dans le corpus tocquevillien n'autorise pas de réponse assurée. Cet état de fait, au demeurant, ne permet nullement de mettre en doute l'activité de l'œuvre pascalienne chez Tocqueville. On pourrait multiplier les exemples, mais un seul suffira, par son incontestable évidence. Tocqueville distingue « trois états successifs » dans les rapports entre les hommes :

« 1°. Ignorance. Dévouement instinctif.

« 2°. Demi-science. Égoïsme.

« 3°. Lumières complètes. Sacrifice réfléchi » (cité p. 246).

Cette dialectique reprend sans doute possible celle du fragment 124 des *Pensées,* intitulé justement « Gradation », qui invente l'expression « demi-habiles » et montre les opinions se renversant successivement « du pour au contre, selon qu'on a de *lumière.* » Ne serait-ce d'ailleurs pas une originalité de Tocqueville de puiser surtout dans les *Pensées* dans la mesure où Pascal, pendant la première moitié du XIXe siècle, en raison de l'obsession antijésuite dominante (pensons à Montlosier, aux cours de Michelet et de Quinet au Collège de France en 1843, au feuilleton du *Juif errant* d'Eugène Sue en 1844-1845, etc. – bref, à toutes les composantes du *Mythe jésuite* au XIXe siècle, si bien analysé en 1992 par Michel Leroy aux Presses Universitaires de France), semble être surtout l'homme des *Provinciales* ? Il serait instructif de sonder le rapport de Tocqueville aux *Provinciales* et, à travers elles, à la Compagnie de Jésus, car quand on lit, par exemple, dans le second volume de *La démocratie en Amérique* que l'homme démocratique « veut être le mieux possible en ce monde, sans renoncer aux chances de l'autre » (cité p. 238), on est de plain-pied avec la critique pascalienne des Jésuites, accusés précisément, dans *Les Provinciales,* de vouloir cumuler les biens de ce monde avec ceux qui sont promis aux chrétiens dans l'au-delà : ils espèrent gagner sur les deux tableaux, alors que, pour Pascal, il faut choisir. L'homme démocratique, comme le pénitent (si peu pénitent) des Jésuites de Pascal, c'est l'homme qui ne parie pas.

Cet homme, trop humain, est-il celui que décrivent les « jansénistes » ? Avec Lucien Jaume, je conviendrai qu'il lui ressemble beaucoup. Quand il cite la phrase de Tocqueville qui pose l'intérêt personnel comme « le seul point immobile dans le cœur humain » (p. 203), il nous confronte à une vision assurément pessimiste de l'homme et nous avons *a priori* le choix, pour simplifier, entre une anthropologie machiavélienne et une anthropologie augustinienne. Mais quand on découvre ensuite que Tocqueville, selon ses propres termes, veut travailler à « réhabiliter le spiritualisme en politique » (p. 239), l'hypothèse machiavélienne tombe. On se trouve devant une anthropologie de l'amour-propre, et de l'amour-propre condamné (même s'il est susceptible d'effets bénéfiques), fort loin de son exaltation par Helvétius et la plupart des philosophes du XVIIIe siècle, au plus près du discours que développent les jansénistes, mais également La Rochefoucauld, La Bruyère et leurs épigones. Et quoi de commun aux hommes de Port-Royal et à ces moralistes mondains, sinon l'augustinisme ? La condamnation de l'*amor sui* s'origine dans le *De civitate Dei,* où sont radicalement opposés l'amour de soi et l'amour de Dieu. À travers la « position jansénisante » de Tocqueville, pour reprendre l'expression de Lucien Jaume, c'est donc plus largement une position *augustinienne* qui se fait jour.

On dira peut-être que la différence avec Tocqueville est que cet augustinisme est chez lui « laïcisé ». Qu'il en aille ainsi, Lucien Jaume le souligne à plusieurs reprises, et c'est indéniable, mais il faut en dire autant des moralistes classiques : le moraliste ne se pose pas en prédicateur, il parle, comme l'écrit Louis Van Delft, « à hauteur d'homme » (*Le moraliste classique,* Genève, Droz, 1982, p. 108 ; du même auteur, *Les moralistes. Une apologie,* Paris, Gallimard, 2008), il n'apporte pas de révélation transcendante. De plus, le classicisme répugne au mélange du sacré et du profane, en l'occurrence à l'intervention directe du christianisme en littérature – raison pour laquelle La Rochefoucauld écarte de la publication des *Maximes* celles qui font ouvertement appel à des concepts théologiques, mais il n'empêche, et cela a été parfaitement démontré par Jean Lafond et par Philippe Sellier, que son anthropologie est informée par une théologie implicite : l'homme que décrivent les *Maximes,* identique à celui que décrit Pascal quand il dénonce la « misère de l'homme sans Dieu » (*Pensées,* fragment 40), c'est l'homme déchu d'Augustin. Or il paraît bien, à lire Lucien Jaume, qu'on est dans le même cas de figure avec Tocqueville : La démocratie selon Tocqueville « est une image de la chute » (p. 254), « une société d'après la chute, mais dite en termes laïcisés » (p. 242). Cette laïcisation est déjà à l'œuvre chez le Pascal de la première partie des *Pensées,* chez La Rochefoucauld, chez La Bruyère. Ce qui différencie Tocqueville de nos moralistes, ce n'est pas qu'il laïcise la théologie, ce sont les raisons de cette laïcisation : pour les moralistes, la raison est esthétique (on n'a pas à faire intervenir la Révélation chrétienne en littérature) ; pour Tocqueville, elle semble double, simultanément politique (il ne veut pas de l'alliance avec les catholiques libéraux) et personnelle (son rapport problématique à la foi). Mais cela ne remet nullement en cause sa proximité avec eux, par où est pleinement justifiée la démarche de Lucien Jaume, avec qui l'on souhaiterait prolonger le dialogue dans une double direction, conceptuelle – l'homme démocratique étant habité par la passion de l'égalité et l'homme augustinien par la passion de dominer, comment articuler une anthropologie de l'envie et une anthropologie de l'orgueil ? – et formelle – existe-t-il chez Tocqueville une pratique significative de la discontinuité caractéristique de l'écriture du moraliste classique ?

Gérard Ferreyrolles

Les auteurs

FRANK BURBAGE

Professeur de philosophie (Lettres 1re et 2e années) au lycée Auguste-Blanqui (Saint-Ouen). A publié : *Leibniz et l'infini,* Paris, PUF, « Philosophies », 1993 (en collaboration avec Nathalie Chouchan) ; *La nature,* Paris, Garnier-Flammarion, « Corpus », 1999 ; « Anormale pauvreté », *Journal français de psychiatrie* (2007/1, n° 28). Membre du Comité de rédaction de la revue *Cahiers philosophiques.*

ALINE CAILLET

Aline Caillet est docteur en philosophie. Elle enseigne l'esthétique à l'Université Paris-Est (LISAA, EA4120). Elle est l'auteur de *Quelle critique artiste ? Pour une fonction critique de l'art à l'âge contemporain,* Paris, L'Harmattan, « L'Art en bref », 2008, et a collaboré à différentes revues d'art contemporain, à des catalogues d'exposition et à des ouvrages collectifs (*Lieux et non-lieux de l'art actuel,* Montréal, 2005 ; *De l'art contextuel aux pratiques documentaires,* Paris, La Lettre volée, 2007).

ROBERT CASTEL

Robert Castel est directeur d'études à l'École des hautes études en sciences sociales. Il a développé une première série de recherches sur la sociologie de la psychiatrie, de la psychanalyse et de la culture psychologique : *Le psychanalysme,* 1re éd., Paris, Maspero, 1973 ; *L'ordre psychiatrique,* Paris, Éd. de Minuit, 1977 ; *La société psychiatrique avancée. Le modèle américain,* Paris, Grasset, 1979 ; *La gestion des risques,* Paris Éd. de Minuit, 1981.

À partir du début des années 1980, ses principaux travaux portent sur les transformations du travail, des interventions sociales, de la protection sociale et du statut de l'individu moderne. Ouvrages publiés : *Le RMI, une dette sociale* (avec J.-Fr. Laé), Paris, L'Harmattan, 1991 ; *Les métamorphoses de la question sociale. Une chronique du salariat,* Paris, Fayard, 1995 ; *Propriété privée, propriété sociale, propriété de soi.* Entretiens sur la construction de l'individu moderne (avec Cl. Haroche), Paris, Fayard, 2001 ; *L'insécurité sociale. Qu'est-ce qu'être protégé ?,* Paris, Le Seuil, « La République des Idées », 2003 ; *La discrimination négative. Citoyens ou indigènes ?,* Paris, Le Seuil, « La République des Idées », 2007.

DIDIER DELEULE

Didier Deleule est professeur émérite de philosophie comparée des sciences sociales à l'Université de Paris X - Nanterre. Il a publié, entre autres : *La psychologie, mythe scientifique,* Paris,

Robert Laffont, 1969 (traduit en espagnol et en italien) ; *Le corps productif* (en collab. avec François Guery), Tours, Mame, 1972 (traduit en espagnol et en anglais) ; *Hume et la naissance du libéralisme économique,* Paris, Aubier, 1979 (traduit en italien) ; *Les Cyniques grecs. Lettres de Diogène et Cratès,* traduites en collab. avec Georges Rombi avec une « lecture » (« La besace et le bâton »), Arles, Actes Sud, 1998. On lui doit aussi des traductions (avec présentations et notes-commentaires) d'ouvrages de F. Bacon, D. Hume, A. Smith. Dernières traductions parues : Hume, *Enquête sur l'entendement humain,* Paris, LGF, « Le Livre de poche », 1999 ; Berkeley, *De l'obéissance passive,* Paris, Vrin, 2002.

Raphaël Draï

Professeur à la Faculté de droit et de science politique d'Aix-en-Provence. Université Paul-Cézanne - Aix-Marseille III. École doctorale de psychanalyse et de psychopathologie de Paris VII - Denis-Diderot. Spécialiste de recherche interdisciplinaire. Derniers ouvrages parus : *La France au crépuscule. Précis de recomposition* (Paris, PUF, 2003) ; *L'État purgatoire. La tentation postdémocratique* (Paris, Michalon, 2005) ; *La République brûle-t-elle ? Essai sur les violences urbaines en France* (avec Jean-François Mattéi *et al.*) (Paris, Michalon, 2006) ; *Abraham ou la recréation du monde* (Paris, Fayard, 2007) ; *Le pays d'avant* (Paris, Michalon, 2008).

Gérard Ferreyrolles

Gérard Ferreyrolles, ancien élève de l'École normale supérieure de la rue d'Ulm, professeur de littérature française à l'Université Paris-Sorbonne. Directeur de l'équipe « Port-Royal et la vie littéraire » à l'UMR 8599 (Paris IV / CNRS) et président de la Société des Amis de Bossuet. A publié notamment : *Pascal et la raison du politique* (Paris, PUF, 1984), *Les Reines du monde. L'imagination et la coutume chez Pascal* (Paris, Champion, 1984) ; a édité, avec Philippe Sellier, *« Les Provinciales », les « Pensées » et opuscules divers de Pascal* (Paris, La Pochothèque, 2004) ; a dirigé les volumes *Bossuet, le verbe et l'histoire* (Paris, Champion, 2006) et *La polémique au XVIIe siècle* (*Littératures classiques,* n° 59, été 2006).

Francesco Fistetti

Francesco Fistetti enseigne l' « Histoire de la philosophie contemporaine » à l'Université de Bari. Il dirige le « Séminaire permanent de philosophie », un centre de recherche sur les rapports entre philosophie et politique dans l'histoire de la culture occidentale, qui organise chaque année des rencontres et des conférences avec des savants italiens et étrangers. Il est directeur de la revue *Post-filosofie,* éditée par Cacucci de Bari. Il dirige la collection *Dia-loghi* de la maison d'édition Palomar de Bari et la collection *Humanities* de l'éditeur Pensa Multimedia de Lecce. Beaucoup de ses travaux ont été traduits à l'étranger : *Communauté* (Bologna, Il Mulino, 2003) a été traduit en espagnol, *Heidegger et l'utopie de la « polis »* (Genova, Marietti, 1999) a été traduit en allemand. Parmi ses textes les plus récents : *Les philosophes et la « polis »* (Lecce, Pensa Multimedia, 2004), *Instantanés. Philosophie et politique avant et après 1989* (Perugia, Morlacchi, 2006), *Multiculturalisme. Un atlas de philosophie et sciences sociales* (Torino, Utet, 2008). Il a édité des ouvrages de O. Neurath, J. Dewey et H. Arendt.

Stéphane Haber

Stéphane Haber est professeur de philosophie à l'Université de Paris X - Nanterre. Il a récemment publié *Critique de l'antinaturalisme* (Paris, PUF, 2006) et *L'aliénation* (Paris, PUF, 2007) ; il a également codirigé un volume intitulé *Habermas et Foucault : parcours croisés, confrontations critiques* (Paris, CNRS Éditions, 2006).

Gérard Huber

Écrivain, docteur en psychopathologie clinique et psychanalyse (Paris VII - Denis-Diderot), président du Club Santé Solidarité (Prospective 2100), Sociétaire de la Société des gens de lettres. Principales publications : *L'énigme et le délire,* Paris, Osiris, 1988 ; *Vers un anti-destin ?,* éd. avec F. Gros, Paris, Odile Jacob, 1992 ; *L'illusion métabiologique,* Paris, PUF, 1994 ; *Freud, le sujet de la loi,* Paris, Michalon, 1999 ; *L'homme dupliqué,* Paris, L'Archipel, 2000 ; *Anatomie de la séparation. Réponses à Jacques Derrida,* Bruxelles, De Boeck Université, 2002 ; *Guérir de l'antisémitisme,* Paris, Le Serpent à plumes, 2005 ; *Mala, une femme juive héroïque dans le camp d'Auschwitz-Birkenau,* Paris, Éd. du Rocher, 2006 ; *Ce quelque chose de juif qui résiste,* Paris, Éd. du bord de l'eau, 2008.

CRISTINA ION

Cristina Ion est docteur de l'EHESS en études politiques. Elle est l'auteur d'un livre, *La politique de Machiavel. Art de la guerre ou art de la paix ?* (Bucarest, Éd. de l'Académie roumaine, 2008, 256 p.), et de plusieurs articles sur Machiavel et le machiavélisme, dont « Vivre et écrire la politique chez Machiavel : le paradigme du *ritratto* » (*Archives de philosophie,* 68, 3/2005, p. 525-544) ; « L'envers du pouvoir. Le secret politique chez Machiavel » (*Cités,* n° 26, 2/2006, p. 85-99). Elle a collaboré au volume collectif *Lectures de Machiavel* (M. Gaille-Nikodimov et T. Ménissier (dir.), Paris, Ellipses, 2006) et a dirigé aux PUF, en collaboration avec Thierry Ménissier, le n° 29 de *Cités,* 1/2007, « Les nations : renouvellement ou déclin ? Identités nationales et réécritures des histoires ».

GUILLAUME LE BLANC

Philosophe, professeur de philosophie à l'Université Michel-de-Montaigne - Bordeaux III, Guillaume Le Blanc est l'auteur de *Canguilhem et les normes* (Paris, PUF, 1998), *La vie humaine. Anthropologie et biologie chez Georges Canguilhem* (Paris, PUF, 2002), *L'esprit des sciences humaines* (Paris, Vrin, 2005), *La pensée Foucault* (Paris, Ellipses, 2006), *Vies ordinaires, vies précaires* (Paris, Le Seuil, 2007), *Les maladies de l'homme normal* (Paris, Vrin, 2007), *Gagner sa vie, est-ce la perdre ?* (Paris, Gallimard, 2008). Son prochain livre, *L'invisibilité sociale,* paraîtra aux PUF dans la collection « Pratiques théoriques » en 2009. Guillaume Le Blanc est membre du comité de rédaction de la revue *Esprit.*

MICHELA MARZANO

Ancienne élève de l'École normale supérieure de Pise, docteur en philosophie, Michela Marzano est actuellement chercheuse au CNRS. Parmi ses derniers ouvrages : *Penser le corps* (Paris, PUF, 2002) ; *La pornographie ou l'épuisement du désir* (Paris, Buchet-Chastel, 2003) ; *La fidélité ou l'amour à vif* (Paris, Buchet-Chastel, 2005) ; *Je consens, donc je suis... Éthique de l'autonomie* (Paris, PUF, 2006) ; *Philosophie du corps* (Paris, PUF, « Que sais-je ? », 2007) ; *Dictionnaire du corps* (dir., Paris, PUF, 2007) ; *L'éthique appliquée* (Paris, PUF, « Que sais-je ? », 2008).

SERGE PAUGAM

Serge Paugam est sociologue, directeur d'études à l'École des Hautes Études en sciences sociales et directeur de recherche au CNRS. Il dirige la collection « Le Lien social » aux PUF et a publié plusieurs ouvrages qui ont éclairé le débat sur la pauvreté et la précarité, dont *La disqualification sociale* (Paris, PUF, 1991 ; « Quadrige », 2000), *La société française et ses pauvres* (Paris, PUF, 1993 ; « Quadrige », 2002), *Le salarié de la précarité* (Paris, PUF, 2000 ; « Quadrige », 2007) et *Les formes élémentaires de la pauvreté* (Paris, PUF, « Le Lien social », 2005), *Repenser la solidarité* (dir., Paris, PUF, « Le Lien social », 2007), *Le lien social* (Paris, PUF, « Que sais-je ? », 2008).

CHARLES RAMOND

Ancien élève de l'École normale supérieure (Ulm), agrégé de philosophie, Charles Ramond a enseigné en lycée au Havre de 1985 à 1994, avant d'être élu maître de conférences, puis professeur, à l'Université Michel-de-Montaigne - Bordeaux 3, où il est actuellement directeur de l'Équipe d'Accueil « Lumières, Nature, Sociétés » (EA 4201 LNS). Ses travaux portent sur la

philosophie moderne et contemporaine. En ce qui concerne la philosophie moderne, il a publié principalement : *Qualité et quantité dans la philosophie de Spinoza* (Paris, PUF, « Philosophie d'aujourd'hui », 1995), *Spinoza et la pensée moderne. Constitutions de l'objectivité* (Paris, L'Harmattan, « La Pensée en commun », 1998), *Le vocabulaire de Spinoza* (Paris, Ellipses, 2000), *Spinoza : « Traité politique »*, nouvelle traduction avec introduction et notes (Paris, PUF, « Épiméthée », 2005), *Lectures de Spinoza* (dir., en collaboration avec P.-F. Moreau, Paris, Ellipses, 2006) et le *Dictionnaire Spinoza* (Paris, Ellipses, 2007). À paraître : *La philosophie naturelle de Robert Boyle* (éd., en collaboration avec Myriam Dennehy, Paris, Vrin, 2008). En ce qui concerne la philosophie contemporaine, ses travaux portent sur la théorie des actes de parole, la question de la reconnaissance, et les philosophies contemporaines de langue française. Il a édité *Alain Badiou. Penser le Multiple* (Actes d'un colloque organisé à Bordeaux en 1999, Paris, L'Harmattan, 2002), *Derrida : la déconstruction* (Paris, PUF, 2005) et publié *Le vocabulaire de Jacques Derrida* (Paris, Ellipses, 2001) et *Le vocabulaire de René Girard* (Paris, Ellipses, 2005), ainsi que des articles sur Gilles Deleuze. À paraître : *Derrida* (Paris, Vrin, parution prévue en 2008).
Page professionnelle : http://pagesperso-orange.fr/charles.ramond/default.htm

PIERRE ZAOUI

Pierre Zaoui est directeur de programme au Collège international de philosophie et membre du Comité de rédaction de la revue *Vacarme*. Il a publié : *Le libéralisme est-il une sauvagerie ?* (Paris, Bayard, 2007) et *Spinoza. La décision de soi* (Paris, Bayard, à paraître à l'automne 2008).

YVES CHARLES ZARKA

Yves Charles Zarka est professeur de philosophie politique à l'Université Paris-Descartes, Faculté des sciences humaines et sociales - Sorbonne. Il est notamment l'auteur de *La décision métaphysique de Hobbes. Conditions de la politique* (Paris, Vrin, 1987 ; 2e éd., 1999) ; *Hobbes et la pensée politique moderne* (Paris, PUF, 1995 ; 2e éd., 2001) ; *Philosophie et politique à l'âge classique* (Paris, PUF, 1998) ; *La questione del fondamento nelle dottrine moderne del diritto naturale* (Naples, Editoriale Scientifica, 2000) ; *L'autre voie de la subjectivité* (Paris, Beauchesne, 2000) ; *Figures du pouvoir : études de philosophie politique de Machiavel à Foucault* (Paris, PUF, 2001 ; 3e éd., 2001) ; *Quel avenir pour Israël ?* (en collab. avec Shlomo Ben-Ami *et al.*) (Paris, PUF, 2001, 2e éd. en poche « Pluriel », 2002) ; *Hobbes. The Amsterdam Debate* (débat avec Q. Skinner) (Hildesheim, Olms, 2001) ; *Difficile tolérance* (Paris, PUF, 2004) ; *Un détail nazi dans la pensée de Carl Schmitt* (Paris, PUF, 2005) ; *Réflexions intempestives de philosophie et de politique* (Paris, PUF, 2006) ; *Critique des nouvelles servitudes* (Paris, PUF, 2007).
Il a également publié : *Raison et déraison d'État* (Paris, PUF, 1994) ; *Jean Bodin : nature, histoire, droit et politique* (Paris, PUF, 1996) ; *Aspects de la pensée médiévale dans la philosophie politique moderne* (Paris, PUF, 1999) ; *Comment écrire l'histoire de la philosophie ?* (Paris, PUF, 2001) ; *Machiavel,* Le Prince *ou le nouvel art politique* (Paris, PUF, 2001) ; *Penser la souveraineté* (2 vol.) (Pise-Paris, Vrin, 2002) ; *Les fondements philosophiques de la tolérance* (3 vol.) (Paris, PUF, 2002) ; *Faut-il réviser la loi de 1905 ?* (Paris, PUF, 2005) ; *Y a-t-il une histoire de la métaphysique ?* (Paris, PUF, 2005) ; *Les philosophes et la question de Dieu* (en collab. avec Luc Langlois, Paris, PUF, 2006) ; *Matérialistes français du XVIIIe siècle* (en collab., Paris, PUF, 2006) ; *Hegel et le droit naturel moderne* (en collab. avec Jean-Louis Vieillard-Baron) (Paris, Vrin, 2006) ; *Monarchie et république au XVIIe siècle* (Paris, PUF, 2007) ; *Kant cosmopolitique* (Paris, L'Éclat, 2008).

Cités

« Retour à la cité réelle et ouverture à la cité possible »

Numéro 20 ***Empires et impérialismes. Les États-Unis, un empire différent des autres ?***
Grand article : entretien avec Elias Zananiri, *Que reste-t-il de l'initiative de Genève ?*

Numéro 21 ***Refaire son corps. Corps sexué et identités***

Numéro 22 ***Sartre à l'épreuve. L'engagement au risque de l'histoire***
Grand article : Leonard Krieger, *Histoire et existentialisme chez Sartre*

Numéro 23 ***Le Québec, une autre Amérique. Dynamismes d'une identité***

Numéro 24 ***Guerres et menaces de guerres. Quel espoir de paix au XXIe siècle ?***
Grand article : Raymond Aron, *L'Europe avenir d'un mythe*

Numéro 25 ***Emmanuel Levinas. Une philosophie de l'évasion***
Grands articles : Emmanuel Levinas, *L'asymétrie du visage* (interview inédite, 1986) ; *La compréhension de la spiritualité dans les cultures française et allemande* (1933)

Numéro 26 ***Secret privé et secret politique. L'illusion de la transparence***
Grand article : Inédit de Arthur C. Danto, *Le corps dans la philosophie et l'art*

Numéro 27 ***Le Japon aujourd'hui. La puissance d'innover***
Grand article : Otohiko Kaga, *Sur les condamnés à mort au Japon*

Numéro 28 ***Le démembrement de la parenté. La société recomposée***
Grand article : Axel Honneth, *Héritage et renouvellement de la Théorie critique*

Numéro 29 ***Les nations : renouvellement ou déclin ? Identités nationales et réécritures des histoires***
Grand article (inédit) : Raymond Aron, *Constitution et nationalité aux États-Unis*

Numéro 30 ***Derrida politique***
Grand article (inédit) : Jacques Derrida, *Le souverain bien – ou l'Europe en mal de souveraineté. La conférence de Strasbourg du 8 juin 2004*

Numéro 31 ***Murs et frontières. De la chute du mur de Berlin aux murs du XXIe siècle***
Dialogue entre Éric Marty et Yves Charles Zarka : *Les manipulations du nom de Juif*

Numéro 32 ***Sarajevo, l'islam d'Europe***
Mustafa Cerić, *Déclaration des musulmans européens*

Numéro 33 ***Paul Ricœur, interprétation et reconnaissance***
Inédit de Paul Ricœur : *L'interprétation de soi*

Numéro 34 ***L'héritage judéo-chrétien, mythe ou réalité ?***
Grand article (inédit) : cardinal Lustiger, *Après la sécularisation, la légitimité de la foi : convergences retrouvées entre Juifs et Chrétiens*

Numéro 35 ***Le nouveau prolétariat***
Grand article : Robert Castel, *La citoyenneté sociale menacée*

Numéros hors série

La France et ses démons

L'Islam en France

Bulletin d'abonnement / Subscription order form

à retourner aux / return to

PRESSES UNIVERSITAIRES DE FRANCE

Département des Revues
6, avenue Reille, 75014 Paris – France
Téléphone / Phone : +33 1 58 10 31 63 - Télécopie / Fax : +33 1 58 10 31 82
CCP 392 33 A Paris – e-mail : revues@puf.com
www.puf.com

Abonnement 2008 / Subscription 2008

☐ Je souhaite souscrire un abonnement d'un an (4 numéros) à / I want to subscribe for one year (4 issues) to :

CITÉS

	Particuliers	Institution
France :	45 € TTC	56 € TTC
Étranger :	65 € HT	74 € HT

Nom / Name ____________________ Prénom / First Name ____________

Adresse / Address ______________________________________

Code Postal / Postal Code ______________ Ville / Town ____________

Pays / Country ______________________________________

Choisissez votre mode de paiement / Please check how you wish to pay :

☐ Directement par chèque / Directly by check

☐ Par carte de crédit / By credit card (Visa, Eurocard, Mastercard, Amex, Diners, JCB)

|_|_|_|_| |_|_|_|_| |_|_|_|_| |_|_|_|_|

Date limite de validité / Expire date : |_|_| |_|_|
Mois/Month Année/Year

Signature :

☐ Par virement bancaire / bank order IBAN : FR40 2004 1000 0100 3923 3A02 062

☐ Le règlement sera effectué à réception d'une **Facture** ou d'un **Mémoire administratif**

Ajouter si nécessaire votre numéro d'identification intercommunautaire / If you are in an European Community Country supply your VAT registration number with your order

Les données personnelles qui sont collectées ici font l'objet d'un traitement informatique dispensé de déclaration à la CNIL et respectant les conditions de la loi « Informatique et libertés ». Elles sont destinées à permettre la vente par correspondance. Les données qui vous concernent sont destinées aux Presses Universitaires de France. Nous pouvons êtres amenés à les transmettre à des tiers tels que nos prestataires, nos fournisseurs, nos mandataires, nos représentants, nos sociétés affiliées ou nos succursales, intervenant dans le cadre de la vente par correspondance. Vous disposez d'un droit d'accès, de modification, de rectification et de suppression des données qui vous concernent (art. 34 de la loi « Informatique et libertés » du 6 janvier 1978). Pour l'exercer, adressez-vous aux Presses Universitaires de France, Service des Revues, 6, avenue Reille – 75014 Paris ou à revues@puf.com.

ISBN 978-2-13-056864-3
ISSN 1299-5495
Dépôt légal — 1re édition : 2008, octobre

Imprimé en France, à Vendôme
par MD Impressions
73, avenue Ronsard, 41100 Vendôme
Septembre 2008 — N° 54 778